男尊女卑依存症社会

斉藤章佳
精神保健福祉士 社会福祉士

AKISHOBO

男尊女卑

依存症社会

目次

3章 ワーカホリックと性別役割分業

4章

「男らしさの病」と男尊女卑依存症社会への処方箋

まえがき

男尊女卑社会が依存症を生む

私はこれまで20年以上、精神保健福祉士・社会福祉士としてアルコール、ギャンブル、薬物、摂食障害など多くの依存症患者の回復に関わってきました。専門治療をとおして何かに耽溺している日々から回復するための方法は、依存の対象ごとに違いはあるものの、原理原則は共通しています。

万引きや、痴漢をはじめとする性暴力（性的逸脱行動）、ＤＶといった反復される加害行為にも、嗜癖行動としての側面があります。人に損害や危害を直接加える行為であり、スリップ（再発）が即再犯になることもありますが、再発防止のためにも刑罰だけでなくエビデンスに基づいた治療が必要です。

依存症は特殊な病気ではなく誰もがなりえます。我が国ではいまでも偏見が根強く、「だらしない」「意志が弱い」「ウソつき」というイメージがありますが、誰も好きで依存症になるわけではありません。さまざまな複合的要因が重なって陥るものです。とくに、この病は人生の早期における「逆境体験」に端を発することが要因として大きいことがわかっています。

一般的にも、苦労が多かったり不運がつづいたりする境遇を逆境といいますが、ここではそれが親や保護者、家庭環境によってもたらされることをいいます。そうした不適切な養育のなかで育つことを、英語でadverse childhood experienceといい、略してＡＣＥと表記されます。具体的には貧困、ネグレクト、身体的虐待、心理的虐待、性的虐待、家族の精神疾患、家族の物質（アルコールや薬物などの精神作用物質）乱用、親との離死別、同居家族の自殺などですが、最近では学生時代の過酷ないじめ被害なども含まれます。

いずれも、その後の人生に深刻な影響を及ぼすものです。依存症当事者はこのような逆境体験を、幼少期に複合的に経験しているケースが多いことが最新の研究でわかっています。このようにアディクションの治療現場に携わると、必然的にたくさんの人の生きづらさに触れることになります。変な言い方ですが、私は他者の不幸な話に耳を傾ける仕事で飯を食っているということになります。

いままで私の著作では、痴漢、万引き（窃盗症）、小児性加害（ペドフィリア）、アルコール、セックス、盗撮と、依存の対象をひとつに絞って、その実態と背景をデータをもとに解説してきましたが、本書ではその対象を問わず、多くの依存症患者に共通する問題点を解明していきたいと思っています。たとえば、最新刊『盗撮をやめられない男たち』(扶桑社)に詳しく書きましたが、盗撮と窃盗症は行為やそのプロセスに耽溺するタイプの嗜癖行動ですが、まったくかけ離れているように見えて、実は多くの共通点があります。なぜそれをあきらかにするのかというと、人はなぜ依存症になるのか、依存症を作りだす社会にはどのような特徴があるのかといった、さまざまな課題が見えてくると思うからです。

冒頭からネタバレのようですが、日本で依存症に苦しむ人が増えつづけている生きづらさの根っこには、男尊女卑の価値観に基づいた「男らしさ」や「女らしさ」というジェンダー役割に多くの人が過剰に適応しようとしているからなのだと、私は考えています。根本的には、みんな「自分らしさ」というのがあるので、それぞれのジェンダーの「らしさ」に適応しつづけるのはしんどい。だから「自分らしさ」と「男らしくあらねばならない」「女らしくあらねばならない」という社会から期待されているジェンダー役割のあいだでダブルバインドにとらわれてしまう。そういう生きづらさから生じる苦痛を緩和するために何かにハマって、依存症になっていく。そしてその背景には、日本社会全体が男尊女卑の価値観に深く侵されているからだという考えにいきつきました。

私たちは、その男尊女卑の価値観を内包している。そしてその背景には、日本社会を嫌悪しながらも、それそのものに依存しているというパラドキシカル（逆説的な）な状態に陥っているように見えるのです。

以前、エッセイストの小島慶子さんと対談する機会があり、私たちはこんな話で盛り上がりました。

小島　いま、日本はすでに依存症なんじゃないかという気もしますね。何に依存しているかっていうと……。

斉藤　男尊女卑社会への過剰適応（笑）。

小島　おお、そうですね。男尊女卑依存症！

対談の内容は、2019年2月に発売された『さよなら！　ハラスメント――自分と社会を変える11の知恵』（晶文社）に収められています。小島さんが各界の11人の識者に、さまざまなハラスメントの問題点についてインタビューをするという内容で、私は多くの女性にとって最も身近な性暴力である痴漢についてお話をしました。

すでに触れたとおり、痴漢のような反復される性的逸脱行動には嗜癖行動としての側面があります。最初から依存症になるとわかっていて痴漢をはじめる人は、おそらくいません。故意か故意でないかはさておき、電車内などで同意なく女性の身体に触れ、その強烈な刺激とスリルの狭間で日頃のストレスが吹き飛ぶ。緊張と緊張の緩和（解放）の反復。やってはいけないことだとわかっていながら、もう一度、さらにもう一度……と繰り返すうちに深みにはまっていく、というのがひとつの典型です。

ここまでくると、本人が自覚している、いないに関係なく、その行為の背景には男尊女卑の価値観がはっきりと表れています。痴漢が常習化した人は、電車に乗り合わせた女性に人格があるとは思っておらず、「モノ化」することで自分より下の存在に位置づけているのです。加害者たちはよく「少しくらい触ったって減るもんじゃない」といいますが、その言葉に代表されるように、女性たちをストレス発散の〝道具〟ぐらいにしか思っていません。私から小島さんにそうお話ししたところ、痴漢が蔓延する社会はつまるところ「男尊女卑依存症社会である」と話が広がったというわけです。

昨今では、男女間の不平等が、「ジェンダーバイアス」という語で語られることが増えてきたと感じます。「ジェンダーバイアス」とは、ジェンダー＝社会的・文化的につくられた性差に対する固定概念や偏見のことです。それが浸透し、温存される社会では、男性と女性は対等の存在と考えられず、権力をもった側の性に都合のよい格差（ギャップ）が生まれることになります。簡単に言うと、これまでは社会が男性に都合よくできていたということです。そして日本だけでなく世界中で、男性が長らく権力を有してきたのです。いまでも明確に男性支配がつづいている国や地域があります。

本書では、私はあえて、「ジェンダーバイアス」ではなく、「男尊女卑」という語を頻繁に使います。男女、どちらの性にもバイアス、つまり「らしさ」の呪いがかけられ、それによって苦しい思いをしている人が少なくないことは疑う余地もありませんが、それでもやはりこの社会は男という性により有利に設計されているからです。すなわち最初から男性にとって有利に仕組まれている社会なのです。男性が優位に置かれ女性が下位に置かれていることを示すのに、男尊女卑という四文字熟語ほど的確なものはないと私は考えています。

この言葉は主に男性からの反発を招きます。男性だからという理由で得したことはない、いまは女性活躍などといって女性のほうが下駄を履いている、男性が負わされている責任の大きさを知っているのか……。私の著作を読んで「著者は女性の味方ばかりする」なんていう人もいました。

私はこうしたリアクションを、一概に悪いことだとは思っていません。自分がずっと抱えていた価値観と反対のものに出会ったとき、人は誰しも抵抗や反発を覚え、心中で葛藤するからです。それを機に、なぜ反発や葛藤が自分のなかで起きたのかを掘り下げて考えてもらうことができます。それは、日本が男尊女卑的な社会だと気づくきっかけになるでしょう。

本書では、いかに私たちの社会が、男尊女卑の価値観に依存し、そのために多くの人が苦しんでいるのかを、「依存症」というフィルターを通して、見ていこうと思います。そのなかで、多くの方がよい方向に変わって、いまよりも生きやすくなってくれるのを願っています。

1 章

日本は男尊女卑依存症社会である

男性優位の社会構造

男尊女卑とは、「男性を尊重し、女性を卑しむこと」を指します。

明治時代ならいざ知らず、現代の日本社会で表面的には、男性だからという理由で「尊ばれている」と感じる男性は少ないと思います。しかも、昨今ではジェンダー・ギャップ解消を訴える声をメディアやＳＮＳで頻繁に目にする機会が増えているので、それがまるで女性を優遇しているように感じられる男性もいるでしょう。なかには、現在は「女尊男卑」だと主張する人もいるくらいです。

しかし数字を見れば、日本が男尊女卑社会であることはあきらかです。世界経済フォーラム（ＷＥＦ）による「ジェンダー・ギャップ指数」２０２２年の報告では、日本は１４６カ国中１１６位で、先進国のなかで最低ランクです。

この指数は、経済・教育・健康・政治の４部門において男女間の格差を数値化するもので、スコアが１に近いほどギャップがなく平等であることを示しています。

日本は健康部門においては０・９７３をマークし、ランキングでも63位。たしかに日本で生活するうえで、男女とも同じように医療にかかる機会がありますし、健康面でジェンダー・ギャップを実感することは、ほかの部門と比べて少ないのではないかと思います。教育部門は1でランキング1位（21カ国が同率）。日本の場合、識字率や初等教育・中等教育就学率は文句なく1なのですが、高等教育就学率、とくに大学院を含むと、男女間のギャップは広がる傾向があります。理数系分野への就学率が低いと指摘する専門家もいます。入学試験で女性受験生の点数を一律で引いていた有名私立医科大があることも記憶に新しく、女性が男性とまったく同等の教育のチャンスを持てているとは思えない状態です。それでも経済部門、政治部門でのスコアと比べると、まだマシに見えてきます。[*1]

経済部門＝0・564（146カ国中121位）、政治部門＝0・061（146カ国中139位）というのは、惨憺たる数値です。政治部門では閣僚、国会議員それぞれの男女比が見られます。2023年3月現在は岸田内閣ですが、2022年8月の第二次岸田内閣発足時点で女性の閣僚は19人中、たった2人しかいませんでした。国会議員に占める女性の割合は、衆議院9・7%、参議院23・1%と、圧倒的多数を占める男性によって政治が動かされていることがわかります。[*2]

また経済部門での指標のひとつに「管理職に占める比率」がありますが、女性管理職の割合は2022年代に入ってなお平均9・4%です。[*3]

２００3年、内閣府は２０２０年までに社会のあらゆる分野で指導的地位に女性が占める割合を少なくとも30％にする「２０２０３０」という目標を掲げましたが、とても残念な結果に終わっています。

これらの数字は、政治や経済の意思決定の場に女性が圧倒的に少ないということを意味しています。女性の実態や声が国や自治体の政策にも、職場にも届きにくく、女性が抱えている問題や存在そのものも「ないこと」にされているのです。

その象徴的な出来事が、２０２1年にありました。同年夏に開催を予定されていた東京五輪・パラリンピック大会組織委員会の会長だった森喜朗元首相が公の場で、同委員会が女性理事を増やす方針を示したことについて、次のような発言をしたのです。

「女性がたくさん入っている理事会は時間がかかります」

「女性っていうのは優れているところですが競争意識が強い。誰かひとりが手をあげると、自分も言わなきゃいけないと思うんでしょうね、それでみんな発言されるんです」

「女性を必ずしも増やしていく場合は、発言の時間をある程度規制をしておかないとなかなか終わらないから困る」

一連の発言は女性差別であるとして、国内だけでなく海外からも批判の嵐が吹き荒れ、その強風によって、森氏が体現していた社会での男性の優位性そのものがぐらついたかに見えました。森氏は会長職を辞任し、代わりに当時、男女共同参画担当大臣を務めていた橋本聖子氏が就任しました。

女性は話が長い――これは何の根拠もない決めつけです。けれど、森氏のなかでは〝真実〟だったのでしょう。この発言で辞任に追い込まれるとは露ほども思っていなかったはずですし、海外からもこれほど批判されたことを意外に思ったに違いありません。周囲から説明されて、平等な社会の実現や多様性の尊重をうたう五輪の理念に大きく反するというのは理解できても、女性たちがなぜ声をあげたのかまではいまでも理解できていないのではないでしょうか。

この発言に対して何人もの専門家が、「女性は話が長い」はただの偏見にすぎず、世界中で行われている科学的研究でも否定されていると指摘しました。問題は女性の側にあるのではなく、女性の話は長いと「感じている側」にあります。

森氏が参加するような会議は、だいたいが最終的な意思決定の場でしょう。そうした場に参加する女性が数として少ないことは先述のとおりです。それだけに発言すれば目立ちます。ふり返ればその女性の話ばかりが印象に残り、それが「話が長かった」という印象にすり替わってしまうことは容易に想像できます。また、ひとりの女性が勇気をもって発言したのを受けて、「では自分も」と手をあげる女性もいるでしょう。それを「競争意識が強い」としてしまうことで何が起きるかまでは、森氏はまったく考えていなかったと思います。

意思決定の場で〝女性である〟というだけの理由で発言がしにくくなり、〝いないこと〟にされ、発言したものの軽んじられたり眉をひそめられたりといったことを、多くの女性が社会のなかで日々経験しています。だからこそ、森氏の発言は批判されたのです。社会において女性が不利益を被っている現状を追認するだけでなく、そうした偏見をさらに強化するものでしかありませんでした。「女性の発言時間を規制」という発想に至っては、女性を意思決定の場から排除するよう促しているに等しいです。

森氏は会長という組織のトップにいて、かつては首相を務めた人です。たとえ本人はその気がなくとも、周りはその意向にそって動きます。それが〝わきまえる〟ということです。過去にも「子どもをひとりもつくらない女性が、年を取って税金で面倒見なさいというのは本当はおかしい」といった内容の女性差別発言をしています。女性をそのようにしか見ていない人の前で、自由闊達に意見を述べるのは、誰にとってもむずかしいでしょう。

後日の記者会見で森氏は、自身には女性差別の意図はなかったけれど報道がそう解釈したのだといった内容の弁明をしました。むしろ「女性のみなさんをできるだけたたえてきた」ともいっています。これは、本心なのだと思います。

森氏にかぎらず、「あなたは女性を差別していますよね」「それが言動に表れていますよ」と指摘されても、だいたいの人は否定すると思います。個人という単位においては、「女性を卑しんでいる」と意識している男性は多くはありません。「自分は妻や娘を大事にしている、だから差別なんてするわけがない」という人もいますが、身近な女性を大切にすることと、女性というジェンダーへの差別は、多くの場合並行して行われています。

これと近いことは、日常にありふれています。

クレーマーといわれる男性のなかには、対応するのが女性だと態度が大きくなりその発言に耳を貸さないのに、男性だとひとまずはいうことを聞く人が多いです。私が勤めているクリニックで依存症回復のプログラムに取り組む男性たちを見ていると、男性スタッフが話すときと女性スタッフが話すときとで、あきらかに態度を変える人が少なくありません。前者のときは真摯な態度で聞いているのに対し、後者が話し出すと椅子にふんぞり返る、舌打ちをするなど露骨に態度が悪くなります。「女性の話は、男性の話より価値がない」と、彼らがどれだけ意識しているかはわかりませんが、全身でそのことを表現しています。

女性の発言を軽んじる男性はとても多いにもかかわらず、当たり前のように行われると私たちは疑問を持ちにくくなります。ないがしろにされた側が腹立たしい思いをしても、高圧的に出ることで何らかの利益を享受する側は、気づいていないか、気づいていないふりをしているかのどちらかです。いずれにせよ、この状態を「変えなければ」とは思いません。

ここであらためて、日本という社会の根底に、男尊女卑の価値観が十分すぎるほど染み込んでいることを強調しておきます。その構造のなかで生きている私たちは、かなり意識しないかぎり男尊女卑に加担することになります。男性個人にこのことが見えにくいのは、それによって不利益を被っていないと感じているからです。

私自身も、自分が男性として男尊女卑社会の恩恵を受けながらこれまで生きてきたことに、長らく気づいていませんでした。２００２年から精神保健福祉士、社会福祉士として依存症治療や加害者臨床をフィールドとしてきましたが、そこに至るまではとくにジェンダーといったものについて積極的に知ろうとしたり専門的に学んだりしようとは思わずにきたのです。とくに10代から20歳前後まではプロサッカー選手を目指し、いわゆる体育会系のなかで繰り広げられる競争の世界に浸りきっていたこともあり、自身が体現している男らしさに何の疑問も抱かずにきたのです。

ジェンダー・ギャップ指数などの数字が端的に示しているように、日本社会で女性は、あらゆる面で不利な立場に置かれています。個人の問題ではなく、社会がそのような構図にあるということです。

たとえば日本は男女間の賃金格差が諸外国と比べても大きく開いています。男性を100とすると、女性は75・2という数字です。[*4] これは男性が総じて女性より仕事がデキて稼げるからではありません。男性により多くの給料が支払われる構造が、社会のなかにあるからです。

男尊女卑依存症社会とは、男性に有利に、女性に不利にできているこの構造なくしては成立しない社会のことです。

らしさの価値観をインストールされる

いままで見てきたような、男尊女卑の社会はどのように作られてきたのでしょう。そして、人々の考え方にどのようにしみ込んでいくのでしょうか。

自分にも物心ついたときから男尊女卑の価値観がインストールされていることに、私たちはどこかで気づいています。しかしそれは、この世に生まれた時点で初期搭載されているものではありません。では、どこから取り込むのでしょうか。答えは簡単で、周囲の大人の言動や価値観からです。赤ちゃんにとっては養育してくれる大人が、世界のすべてです。

多くの大人たちは、その子が生まれる前から性別を気にします。いまでも世界では、お腹の子が女児だとわかると中絶を選択する、させられるという事例が絶えません。家を継ぐ子ども＝男児でなければこの世に生まれてくることもできない……究極の男尊女卑です。日本ではそうしたことはないでしょうが、いまでも男の子、とくに長男をほかの子より重んじる文化は根強く残っています。何を隠そう私自身も重んじられた長男のひとりで、祖父母は私が生まれたとき天皇陛下が住む方角に向かって万歳をしたと、何度も聞かされました。

大げさと思われるかもしれませんが、その背景には祖母のつらい経験があったことを、私は大人になってから知りました。祖父母のあいだには子どもが3人いましたが、私の母も含め全員女の子でした。男の子が産めなかったことで親戚や近所から白い目で見られた経験を、祖母は生前語ってくれました。だからこそ、自分の娘の最初の子である私が男の子だったということを、涙を流すほど喜んだようです。このように、日本には生まれた瞬間から性別によってその人の価値が決まってしまうような価値観がいまだに存在しているのです。
私たちが男尊女卑を刷り込まれる場面は、主に４つあります。

①家庭
②教育機関
③メディア
④社会（職場）

家庭において、男の子は男の子らしく、女の子は女の子らしく育てられるのが、長い歴史のなかでの慣しでした。子どもの遊びにもよく表れています。男の子は電車や恐竜のフィギュアを、女の子は人形などを与えられます。現在では、調理をイメージさせる知育玩具で遊ぶ男の子の姿もめずらしくなく、男女の別なくおままごとを楽しんでいる光景もよく見かけます。それでも、人形遊びは女の子らしい、電車や恐竜に興味を持つのは男の子らしいとされています。

そのイメージと逆の遊びをしていれば「あらあら、女の子なのに」「男の子ならこっちがいいよ」と〝らしい〟遊びに誘導されがちです。多くの子どもは、〝男らしい〟〝女らしい〟とはどういうことかを、スポンジのように吸収してしまいます。

子どもというのは成長とともに行動範囲が広がり、家庭以外の世界にふれていきます。たとえ家庭では、ジェンダーによる「らしさ」を押し付けないように気を付けていても、幼稚園、保育園などに入ると周囲によって、植え付けられることがあります。

親は男尊女卑の価値観にできるだけ接しないよう子育てをしてきたのに、幼稚園や保育園に通いはじめた途端に子どもが「ピンクは女の子が着る色だ」「男の子はケンカに強くないと！」と言い出すのでどうしたものか……という話を、子育て世代からしばしば聞きます。ほかの子を介して男尊女卑の価値観に触れてしまうわけですが、その子もまた周囲の大人から吸収していることはいうまでもありません。学校に通うようになれば、その傾向はさらに強まります。親のいうことよりも友だちのいうことに影響を受けるのは、成長の一過程です。

学校というシステムにも、男尊女卑の価値観が色濃く残っています。世界的に見ても日本は男女間の教育格差がないといわれますし、先ほども見たように、たしかに初等・中等教育の機会には差がありません。しかしその段階でも、学級委員や生徒会長などリーダー的役割に選ばれるのは男子のほうが多かったり、男子の運動部には女子マネージャーがいるのにその逆はなかったりと、男尊女卑の価値観が表れている例は枚挙にいとまがありません。

2015年に鹿児島県知事が、女性の高校教育について「高校で女子に（三角関数の）サイン、コサイン、タンジェントを教えて何になるのか」「それよりもう少し社会の事象とか植物の花や草の名前を教えたほうがいい」と発言しました。批判が殺到しましたが、いまでもこのような考えはなくなったわけではなく、学びたい女性の足かせになっています。

進路決定という、その先の人生にかかわる大事な岐路で、女子は男子に比べて消極的な選択をすることが多いという指摘もあります。本人がよりレベルの高い教育を受けたいという意欲を持っていても、大人から「女の子は勉強ができてもしょうがない」といわれたり、教育にかけられるコストにかぎりがあって兄や弟に優先的に回されたり、親元から通える地域の大学に限定されたりします。進路を決める際に、成績以上に性別が関わってくることが少なくないのです。これを社会学では、アスピレーションのクーリングダウン（意欲の冷却効果）といいます。[*5]

メディアからの影響も看過できません。テレビのニュース番組を見てもキャスターが男女ひとりずつなら女性は男性を補佐する立場にいる、バラエティ番組では、男性出演者が女性主演者の容姿や独身であることを執拗にあげつらい、それを笑いのネタにしている。

そのようなことが毎日行われています。性別役割分業を強化したり、女性を性的なアイコンとしてのみ扱うＣＭや番組は、数年前とはちがい、制作側がかなり気をつけるようになりましたが、それでもたびたび炎上します。制作側に無意識の男尊女卑的価値観が根を張っていることの証左でしょう。

子どもも早いうちからさまざまなメディアに接しますが、男児向けのアニメやコミックは何かと戦って勝つことこそ男らしいという世界観のものが多いと感じます。女児向けのアニメにも戦う主人公は出てきますが、なぜか戦闘向きとは思えないほど装飾的な衣装を着ています。子どものころから「女性を性的に消費していい」という価値観を植え付けるのではないかと、少年コミック誌における性描写を危ぶむ声も聞こえてきます。

私が子どものころは、コミックもアニメも戦隊モノは男性４人に女性ひとりがスタンダードでしたが、現在では、女性の数が増え、多様性があります。そのうえで、子どもたちに人気です。多様性は面白さを損なうものではありません。このように変われないはずがないのに、メディアにおけるジェンダー感覚はいまだにズレたままです。

日本で育つ子どもたちは、こうして幼少期から、多感な思春期、そして社会に出る前にしっかりと男尊女卑の価値観が刷り込まれてしまうのです。成長途中の子どもでは疑問を持ちにくく、また違和感を覚えてもその環境から逃れにくいものです。

――依存症とワーカホリック

私たちがジェンダーによる「らしさ」をインストールされるのは、①家庭、②教育機関、③メディアだとお伝えしました。最後に、私たちのジェンダーバイアスを決定づける役割をするのが、④の職場です。①から③までで、私たちは、生地を練られ、型に流し込まれたクッキーのようなもので、最後の④の職場というオーブンで焼き上げられます。私たちは働くなかで、男らしさ、女らしさについて、よりその感覚を強化されてしまうのです。官民問わず多くの組織に男尊女卑の価値観が色濃く残っており、男性も女性もそれに適応しなければ働けません。なので、仕事をするうちにその価値観は私たちの内面に根を張り、広がっていく一方なのです。こうなると、もはや個人の問題ではありません。

ここまで考えてきたとき、私の手がはたと止まりました。職場における男尊女卑依存――職場、つまりは「仕事」と「依存症」というキーワードに引っかかるものを感じたからです。

日本において依存症のなかで最もメジャーかつ、予備軍も含め人口が多いのはアルコール依存症です。私がソーシャルワーカーのスタートを切ったのも、アルコール依存症治療の現場でした。以来約20年間、たくさんのアルコール依存症者と接してきたなかで、彼らが実によく働く人たちで、むしろ働きすぎではないかと思わされることが多々ありました。たとえばこんな男性がいます。

50代、Aさん　男性

Aさんは大卒後、大手企業に就職し勤続30年の中間管理職です。栄養ドリンク剤のCMで流行語にもなった「24時間戦えますか」世代のAさんは、入職当時から家庭を犠牲にして業務と接待に没頭し、接待の席では率先して飲んでいました。課長までの昇進は順調でしたが、相変わらずの接待漬けの毎日で、とうとう職場で倒れてしまい入院することになりました。そのとき、集中力が続かないなどの若干の離脱症状も出ていたAさんは、そのまま精神科の受診もすすめられ、そこでアルコール依存症の診断を受けました。アルコールが切れたAさんは、うつ状態になり入院も長期にわたりました。

退院後、職場復帰したAさんはまた入院前のような働き方に戻ってしまい、すぐに再飲酒をしてしまいます。仕事中にも隠れて飲酒するようになり、とうとう出勤できなくなりました。そんなＡさんを見ていた家族は心配になり私たちのクリニックにやってきたのです。

アルコール依存症の離脱症状とは、飲酒をやめて体内のアルコール濃度が下がると、イライラする、手や全身が震えるなど、自律神経症状や意識障害が出ることをいいます。

依存症には根深いスティグマが多くつきまといます。「だらしない」「意志が弱い」と見られがちなのも、そのひとつです。しかし治療の場で会う彼らは、まったく逆の性格です。生真面目で責任感が強く、それゆえ仕事も手を抜けなかったり、他人の評価を気にしすぎるあまり自分だけで背負いすぎたりしています。そして極めて頑固でもあります。そのことと彼らがお酒を手放せなくなることは無関係ではありません。もし適度に手を抜いたり、パワーゲームから降りたり、思い切って気分転換したりができる性格だったら、アルコール依存症にならなかった可能性はけっして低くありません。

仕事をやり遂げるために酒を飲み、酔った状態で仕事をし、仕事が終わるとまた飲みはじめる……そうしていつの間にかアルコール依存症に陥っていく。Ａさんのケースはアルコール依存症の現場にいると典型的だと感じます。彼らが仕事のために、アルコールを摂取しているということは、回り回って、アルコールに依存するとともに、仕事にも依存しているのではないか。

ふり返るとＡさんのような、アルコール依存症者から「これはワーカホリックだ」とはっきりわかるような話を聞くのは、日常茶飯事といっていいほど頻繁でした。ちなみにワーカホリックとは「仕事中毒」を意味する日本語です。

さて、次のチェックリストをやってみてください。

□部下や同僚に任せた仕事でも、自分ですべて目を通さないと気がすまない。
□いつも仕事の期限に追われている。
□家に仕事を持って帰ることが多い。
□休日にもよく仕事のことを考える。
□休暇中も仕事のことが気になって、職場に顔を出したくなる。
□大事な予定が入っていても、残業が断れない。
□同僚がみんな帰っても、残業を続けることがある。
□有給休暇をほとんど消化しない。

□仕事中に邪魔が入ると非常にイライラする。
□仕事の相手が時間に遅れると非常にイライラする。
□昼食をとりながら、仕事をすることが多い。
□電話が鳴ると、真っ先にとろうとする。
□会議などのテンポがのろいと、非常にイライラする。
□職場では仕事以外の話をほとんどしない。
□職場の話題や壁の飾りなどに興味がない。
□同僚の服装やオシャレにはほとんど関心がない。
□仕事中はいつも早足で歩く。
□時計をもっていないと落ち着かない。
□通勤中はたいてい仕事のことを考えている。
□仕事中はほとんど息抜きをしない。
□仕事中に入れてもらったお茶が飲めずにさめることが多い。
□今取り組んでいる仕事が終わる前に、次の仕事のことを考えている。
□自分にほんの小さな手落ちがあっても、一日中気になる。
□職場を離れた同僚や部下とのつきあいでも、必ず仕事の話になる。

□同僚や部下が自分の思い通りに動かないと、かんしゃくを起こす。
□同僚や部下のミスでも、自分の責任のように感じる。
□仕事を引き受けるかと聞かれると、「やりたいか」ではなく「やるべきか」と考える。
□仕事で同僚に遅れをとっていると考えると、いてもたってもいられない。
□他のスタッフは仕事の手を抜いていると思う。
□仕事はプロセスよりも、結果が問題だと思う。

「ワーク・アディクション・チェックテスト」（猪野亜朗作成）
※8項目以下の人は青信号（ワーカホリックではない）、9〜13項目の人は黄信号（軽度のワーカホリック）、14項目以上は赤信号（重度のワーカホリック）。

右記チェックリストは何点だったでしょうか。ちなみに現在の私は、8項目該当でギリギリセーフでしたが、過去の私は確実に14点以上だったたと思います。

このリストは、ASK（アルコール薬物問題全国市民協会・依存症の予防啓発活動をしているNPO法人）が発行している「回復のためのミニガイド」シリーズで、治療につながって間もない患者が参加する教育プログラムで使用していました。その冊子のPart⑨『仕事中毒』のあなたへ」に掲載されているチェックリストがこれなのです。驚くべきことに、ほとんどのアルコール依存症者が、過去の働き方にワーカホリックの傾向がありました。

依存症につながる理由はひとつだけとはかぎらずさまざまな要因がからみ合っているものですが、とくに男性のアルコール依存症者において「仕事」というのは多くの人に共通して見られるキーワードだったのです。

そう考えると、非常に腑に落ちるものがありました。

それにしても私は、その典型例ともいえる人たちと日常的に接していながら、なぜそのことに気づかなかったのか。それは私自身の働き方に問題があり、先述したとおり自他ともに認めるワーカホリックだったからだと思います。長時間労働はもちろんのこととして、誰よりも早く出勤し誰よりも遅く退勤する、休日出勤は即ＯＫ、自分の休息や家族との時間はそっちのけで周囲の期待に応えることを第一優先事項としていました。自宅に仕事を持ち帰ることもよくありました。やがて、心身ともに悲鳴を上げ身体症状（肋間神経痛や喘息発作）が出てきても、限界をつづけていれば限界が限界でなくなるという何の根拠もない精神論で、まるで自傷行為的な働き方をしていました。まさに「アディクション臨床にアディクションしていた」という状況でした。こんな働き方をしていたものですから、新人の頃にバーンアウト（燃えつき症候群）した経験もあります。

異常な働き方をしている人が、同じく異常な働き方をしている別の人を見ても、異常だとは認識できません。自分の仕事へのアディクションを自覚できるようになったのは、つい最近のことです。

依存症を専門のフィールドとする人はだいたいワーカホリックか、その予備軍なので、そうした環境下では気づきにくいというのもあるでしょう。彼ら彼女らは、人からワーカホリックだと指摘されれば、「そんなことはない」「自分なんてまだまだです」「周囲にはもっとスゴイ人がいる」というはずです。謙遜ではなく、本気でそう思っているのです。

臨床の現場でワーカホリックと依存症との関連性が長らく見落とされつづけてきたのは、どうやら私だけの問題ではなさそうです。

ワーカホリックは病気か？

ワーカホリックは日本で多くの現代人がかかっている〝病〟ではありますが、いまのところ正式に疾患とみなされたものではありません。疾患とみなされ治療の対象となることを〝病理化（医療化）〟といいますが、それがまだなされていない状態です。依存症は、WHO（世界保健機関）が定める「国際疾病分類（ICD）」に基づいて診断されます。2018年に発表された第11版で、セックス依存症が「強迫的性行動症」という精神疾患に認定されましたし、ゲームに依存してしまう「ゲーム障害」も加わりました。しかしワーカホリックは、いまもってここに含まれていません。

ワーカホリックという言葉は、アメリカの心理学者、宗教教育者であるウェイン・オーツが1971年に出した著書のなかで使った造語で、work（仕事）とalcoholic（アルコール依存症）を合わせたものだというのは有名な話です。アメリカでは1900年代の初頭からアルコール依存症が社会問題となっていて、アルコホーリクス・アノニマス（AA）という自助グループができたのも、1935年のことです。アノニマスとは〝匿名〟のことで、自身が何者かを明かさずに安心してアルコール問題の話ができる、自助グループのことです。

アルコールに耽溺するのと同じように、仕事に耽溺する状態を指してこのように命名したわけですが、実に言いえて妙だと思います。疾患とはみなされていないものの、ワーカホリックは、依存症とかなりの共通項があります。

私が常日頃接している患者が抱えている依存症とは、とても簡単にいうと「やめざるをえない状態に追い込まれている」＝「困っている」状態にあることです。さらには、「困っている」状態になっているのに、その「困っている」ことすら自覚できずやめられない、という非常に苦しい状態にいます。

もうひとつ依存症の特徴は「否認の病」です。自分が依存症であることを受け入れられない、認めたがらない、という意味です。アルコール依存症の人は、周りから「あなたの飲み方、危ないよ。一度専門病院で診てもらえば？」といわれても、自分の飲み方は問題ないのに何をそんな大げさなことをいうのだろうと思いますし、病院でアルコール依存症と診断されても、「誤診だな。自分はいつだって酒をやめられるのに。あれはヤブ医者だ」と思うものです。

現在は、動機づけ面接法（ＭＩ：Motivational Interviewing）の普及から「否認」という言葉を使わずに、患者の両価的な感情（「やめたい」と「やめたくない」など）を踏まえて「変化の準備が整っていない段階」と見方を変えて捉えるようになってきました。つまり誰でも変化には抵抗感や反発が生じるものであって、何もアルコール依存症にだけ特有に表れる防衛機制ではないという考え方です。

アルコールの依存状態にあるかどうかは、アルコールの量のみで判断するものではありません。極端な話、たとえば日本酒を毎日1升飲んでいても健康診断で正常とされ、経済的に困ることなく、多少の飲酒問題を起こしても人間関係を壊すことがなければ、その人は依存症の臨床現場には現れず、診断もされることはないでしょう。しかし毎日3合飲んでそのたびに酩酊し記憶をなくすうえに転倒して怪我をし、内科の定期受診で酒をやめるように指導され、一時的に酒をやめたら離脱症状が現れ、結局は再飲酒し、さらに周囲に多大な迷惑をかけ深刻な刑事事件になっているのに、それでもなお飲酒をやめられないのであれば、それは依存症と診断される可能性が高いでしょう。

仕事に関しても同じことがいえます。長時間労働は長らく解決すべき社会の課題となっていますが、労働時間の長短のみでこの人はワーカホリックである、いや、そうではないと判断するのは無理があります。さほど長くない労働時間でも職場の環境や人間関係によっては、依存状態に陥ることが十分にありえます。

〝感情労働〟も、ワーカホリックのリスク要因でしょう。これは社会学者であるアリー・ホックシールドが『管理される心——感情が商品になるとき』（世界思想社）で提唱したもので、自身の感情を制御、管理しなければ務まらない仕事を示しています。顧客に理不尽なことをいわれても礼儀正しく、ていねいに接し、問題解決に当たらなければならない接客業が代表的な例ですし、医療、介護、教育など人を相手にした職業でもこうした働き方が必ずといっていいほど求められます。

ただしこれは特別な職業だけではなく、どんな職場にも多かれ少なかれ当てはまるでしょう。多くの人々が、職場での人間関係において調和を図ったり、上司を気遣ったりするために、緊張や忍耐を強いられ、自分の内面を常にコントロールしているのですから。これと長時間労働が掛け合わされ、一日の大半を自分の感情を押し殺して働くとなると、それはおよそ人間らしい生き方とはいえません。

死にいたる働き方

そこで、本書ではワーカホリックを、単に長く働いているというだけでなく「自分自身を心身ともに死に追いやるような働き方をやめられないこと」としてお話ししていきたいと思います。

死という文字を見てドキッとされるかもしれませんが、依存症とはおしなべて死につながる病であることから、〝慢性自殺〟ともいわれます。健康を損なったうえでの病死だけでなく、精神的に追い詰められての自死も含みます。自殺者の約3分の1は生前にアルコール依存症だったという報告もあります。さらには、社会的な死や経済的な死も当てはまります。

依存症は困っている状態であるにもかかわらず、その状態をやめることができないと先にいいましたが、問題行動を繰り返して職を失ったり、人間関係が破綻してしまったり、犯罪行為によって逮捕されたり、あるいは酒類や薬物を購入して金銭が尽きたり……。「生きているだけまし」と簡単には思えない状況で苦しんでいる人が、この世の中には多数います。

ワーカホリックにおいては、「仕事に侵食されて私生活がないものとなり、仕事をしていなければ不安になったり罪悪感に駆られ」ていて、その結果、「心身が休みを必要としても休めなくなっている」のであれば、それは死に近づいている危険な状態だといえるでしょう。

依存症と違って厄介なのは、仕事の仕方が異常であることは自分自身でも気づきにくく、さらに周囲も危険だとはあまり思わないことです。むしろ仕事熱心な真面目な人と讃えられ、ときには「あの人は夜中でも休日でも対応してくれる」と頼られることもあるでしょう。これがやり甲斐につながることもあるとは思いますが、やはり程度問題です。そうしているうちに仕事を手放せなくなり、次第に仕事をしていないときの自分の存在意義が見えなくなっていきます。そしてますます仕事に駆り立てられていく……。まさにアルコールでいうところの連続飲酒状態です。このような悪循環は、日本社会においてけっしてめずらしくないでしょう。

休息を十分に取れないとなると、心身に影響が出るのは避けられません。仕事が主な原因で発症した心疾患、脳血管疾患、そして仕事によるストレスが関係した精神疾患は、「業務上疾病」とみなされます。重度であれば死に至ることもあり、それは過労死といわれます。2019年度における脳・心臓疾患の労災請求件数は936件で、労災支給決定（認定）された件数は216件、そのうち死亡、つまり過労死と認定されたのは86件でした。これを多いと見るか、少ないと見るかは、分かれるところでしょう。あくまで労災が申請され、そして認定された数字ですので、統計には表れないけれど実際に過労がたたって亡くなった人はもっといるはずです。暗数が多いことを念頭に置いておく必要があります。

私の職場では、高次脳機能障害の患者の受け入れをしており、精神科リハビリテーションの枠組みで維持期にあたる期間を対応しています。高次脳機能障害とは、脳梗塞やくも膜下出血といった脳血管障害や、事故などによる脳外傷、心肺停止による低酸素脳症などで脳を損傷し、「怒りっぽくなった」「物覚えが悪くなった」「何かにこだわり過ぎるようになった」など、いままでに見られなかった症状が現れる障害をいいます。主な後遺症としては、遂行機能障害、注意障害、記憶障害、行動と感情の障害、言葉の理解の障害、失語症、失認症、半側空間無視、病識欠落といった症状があり、日常生活において困ったことが起こります。

どんな症状があるのか、症状がどのように現れるかは、人それぞれ異なります。この障害になった人のうち、脳卒中や脳梗塞、くも膜下出血など何らかの脳血管疾患が原因で職場や自宅などで突然倒れ一命をとりとめたというエピソードを聞くことがありますが、あきらかに長時間労働の過労が原因の人がいます。家族から病前の働き方を聞いていると、完全に異常な働き方でワーカホリックの状態に陥っているなという患者が多く見られました。もちろんこういうケースは、労災申請の対象にはなりますが、当の本人はそれが原因で介護が必要な寝たきり状態になってしまったという事例もありました。

また、自死する人もいます。勤務問題を原因・動機のひとつとする自殺者の数は、2018年で2018人。自殺者全体のうち約10％を占めていました。

本人や周囲が早めに気づき、対策できていれば防げる死だったかもしれないと考えると、本当にいたましいことです。

過労死について

「仕事をしすぎると死んでしまうことがある」というのは、社会でもある程度、共通認識になっているのではないでしょうか。２０１４年には、「過労死等防止対策推進法」が施行されました。

働き方改革関連法が施行されたのは２０１９年のこと。これは、「それぞれの事情に応じた多様な働き方を選択できる社会を実現する」ことを目指したもので、そのために見直されるべきものとして長時間労働や職場環境、ワークライフバランスがあげられています。

人は一足飛びに過労死や自殺に向かうわけではありません。必ず、その前段階があります。依存症には「底つき体験」といわれるものがつきものです。これは、あるものに耽溺することでたくさんのものを失い、もう失うものは何もないというどん底の状態に追い込まれてはじめて「やめよう」というきっかけになる経験をいいます。〝死んでも地獄、生きていてもなお地獄〟というどんづまりの状態です。

余談ですが、以前は依存症治療のなかで回復するにはこの「底つき体験」が必要だといわれていましたが、現在は本人が「底をつく」まで放置しておくと逆に失うものが大きいため、「底上げ」していくアプローチが重要であるといわれるようになってきました。「底つき体験」はあくまでも本人が回復のなかで定義するものであって、周囲が「底をつかせる」ような性質のものではないというのが正しい理解です。

話を戻しますが、ワーカホリックでは一種の「底つき」であるバーンアウトといわれる現象があります。日本語では、燃え尽き症候群といわれます。心身の疲労が蓄積して、あるとき急にその仕事への意欲を失い抜け殻のようになることを指しており、前述しましたが私も経験したことがあります。真面目で、他者配慮的で、そして何よりも自己犠牲的に仕事に取り組む人ほど、バーンアウトが起きやすいことがわかっています。

とくに対人援助職では多いと指摘されていますし、私自身もそれを現場で身近に感じながら仕事をしています。たとえば新人の頃先輩のスタッフに、どんな援助者がアルコール依存症の臨床に向いているかという質問をしたときに「援助しない人」というパラドキシカルな答えが返ってきたことを鮮明に覚えています。当時の私はそれがいまひとつピンときませんでした。

人を相手とする援助職は成果が数値として見えにくかったり、絶対的な正解があるわけではなかったりして、懸命になればなるほどうまくいかず空回りしやすいのです。そのなかで相手に夢中になりすぎ、共依存や巻き込まれが起こり、「いったいこれは誰のための援助なんだ？」とわからなくなることが度々あります。そうして辞めていく人たちを、私は何百人見送ってきたかわかりません。だからこそ援助「する」側のケアやふり返りが大事といわれています。ただこれは、程度にこそ差があれどんな仕事にもいえることのようにも思います。

バーンアウトは、ワーカホリックにおける底つき体験のひとつです。過労死や自殺以前に、この底つきに至らないよう未然の対策、つまり底上げ対策が必要で、法整備はそのために重要です。自身と、その周囲が早めに気づくことも欠かせないでしょう。

仕事をしているときが最も活き活きしていて、その他の時間帯は抜け殻。とくにしたいこともなく、休日はゴロゴロして気が付いたら仕事のことを考えている……という状態は、長期的にみると健康的ではありません。うつ状態の前段階にあるといってもいいでしょう。こんな生活を長期間にわたってつづければ、どんどん死に近づいていきます。

とてもおそろしいことに、日本では多くの社会人がこれに当てはまると考えられます。みなさんの会社や家族にも、該当する人が何人かいるのではないでしょうか。

働きすぎが〝当たり前〟になっている社会は、とても危険なのです。

＊1　「世界経済フォーラムが『ジェンダー・ギャップ指数２０２２』を公表」『共同参画』２０２２年８月号、内閣府男女共同参画局（https://www.gender.go.jp/public/kyodosankaku/2022/202208/202208_07.html）

＊2　「男女共同参画の最近の動き」内閣府男女共同参画局、２０２２年３月10日（https://www.gender.go.jp/kaigi/renkei/ikenkoukan/82/pdf/1.pdf）

＊3　「女性登用に対する企業の意識調査」帝国データバンク、２０２２年（https://www.tdb.co.jp/report/watching/press/pdf/p220813.pdf）

＊4　「男女間賃金格差（我が国の現状）」内閣府男女共同参画局、２０２１年（https://www.gender.go.jp/research/weekly_data/07.html）

＊5　「教育の男女格差、原因は？　家庭、学校、企業、国…」『朝日新聞デジタル』、２０１９年２月18日（https://www.asahi.com/articles/ASM2F56BTM2FUTIL03Z.html）

2章

男尊女卑社会とワーカホリック

ここまで、私たちは、日本社会がいまだ男尊女卑という価値観を軸に動いていて、その価値観に依存することで、誰もが生きにくいのではないかと仮定しました。生きにくいのは、女性だけではありません。男性もまた、男らしさを背負わなければならない。そのような社会では、人は何かに耽溺しやすい。依存症になりやすいのです。そして、依存症になる人のなかには、ワーカホリック傾向の人が多い。ワーカホリックにまで至らなくても、仕事をしすぎ、働きすぎの人が大半である。ワーカホリックな人は、みずからの体と心をすりへらしていきます。場合によっては、過労死に至ります。

日本人が自己犠牲的に働きすぎてしまうのは、男尊女卑的な価値観と強く関係しているのではないのかと、私は考えています。

男女それぞれが〝らしさ〟を強いられるのは、現実には性別役割分業を強いられるということです。そのようにいまだ性別役割分担を強いてくる社会で、男性は長時間労働で必死に働き、女性は共働きをしていても、家事や育児を担います。それは数字にも現れていて、経済協力開発機構（ＯＥＣＤ）が２０２０年にまとめた生活時間の国際比較データ（15〜64歳の男女を対象）によると、男性の有償労働時間は、世界平均が３１７分のところ、日本人は４５２分。無償労働時間については、世界平均１３６分で、日本人男性は、41分で大きく下回る。ところが、男性を１としたところ、日本女性は５・５倍も、無償労働をしているという結果が出ています。[*6]

男女の役割がくっきりと分かれているのが見て取れます。男性の一部がワーカホリックになるのも宜なるかな。

さて、もう少し、ワーカホリックと依存症について、見ていきましょう。

ワーカホリックはさまざまな依存症のトリガーに

ワーカホリックで失うものは、身体的・精神的な健康ばかりではありません。健全な社会生活や家庭生活を損なうことになります。

なぜそうなってしまうのか？　私はここで、「ワーカホリックという性質は、さまざまな依存症発症のトリガー(引き金)になりやすく、やがてそれは死に近づいていく」という視点を取り入れたいと思います。

先述したとおり、物質依存の代表格であるアルコール依存症者を見ていると、高確率でワーカホリックの特徴が表れています。薬物依存症も同様です。にもかかわらず、これらへの依存症と、仕事への依存を関連づける研究は、世界的に見てもほぼ皆無といえます。

臨床の現場でも、クリニックを訪れた人に対して飲酒歴や薬物使用歴、犯罪歴、結婚歴、入院歴を尋ねるなど、何（物質や行為）にどれだけ依存していたかというアセスメント（査定・評価）は必ず実施します。性加害につながる性的逸脱行動へのアディクションであれば、必要に応じて再犯リスクについてのアセスメントも必ず行います。

しかしそこで、職歴は聞くものの「どういう働き方をしてきたか」を問うことはほとんどありません。成人していれば働くということが人生の中心になっている人は多く、そこに莫大な時間が費やされます。ということは、働き方を知ることで必然的にその人がどう生きてきたかが見えてくるということです。にもかかわらず、具体的に働き方について、聞き取ることはしていませんでした。

依存症とは「生きづらさの病」といってもいいので、生き方を総合的に見直さないままでは、「なぜ依存する必要があったのか」の全体像が浮かび上がってきません。それなのに、私を含め臨床の現場では不自然なほど働き方に関心を払ってきませんでした。妨げとなったのはやはり、依存症の問題に関わっている人たち自身がワーカホリック傾向にあるということなのだと思います。つまり、そこに関わる援助者自身が自分自身の問題を否認していたともいえるのです。

ワーカホリックとアルコールや薬物との関係で、ひとつの典型といえるのが、「アルコールや薬物を摂取し、精神作用物質の効能にあやかってハードワークを乗り切る」というものです。先に紹介したAさんも、ここに当てはまります。長時間労働や働き方から生じる疲労感やストレスを麻痺させるために、こうした物質を取り入れているわけです。

困ったことに、アルコールや薬物を摂取すると、無理が利いたり集中力が高まったり、苦痛を麻痺させたり、通常時では思いつかないような大胆なアイデアが浮かんできたりするものです。薬やアルコールを使って仕事しているとは思いもよらない周囲は、その人のことを「仕事ができる」と勘違いします。本人もその評価を受け、「薬を使いながらでも仕事をがんばるのはいいことだ」と学習します。これは仕事に過剰適応していることにほかなりませんが、そうだと認識されにくいのです。働きつづけるためにさらにアルコールや薬物に依存するようになりますが、いつしかその「働くため」という大義名分も忘れて、ただ物質使用する理由を探すようになり、手段と目的が入れ替わります。

アルコール依存症といえば、いまでも多くの人が、「仕事をせず朝から家で飲んで、お酒がなくなったら家族に暴力をふるう男性」の姿を思い浮かべます。漫画や映画などフィクションの世界ではそうしたイメージがよく描かれていますし、たしかにこうした人は現在もいないわけではないでしょう。けれどこれはかなり古い偏見に満ちた「アル中イメージ」です。現在のアルコール依存症者は、誰が見ても生活が破綻しているとわかるような人はむしろ少ないため、〝静かな飲酒問題〟ともいわれます。その典型は、企業に勤めるサラリーマンで、就業後に飲食店で、あるいは家で飲んで、ときにそれが深夜どころか朝まで及ぶこともある。それでも出社時刻になればスーツを着て、ネクタイを締め、会社に向かう……というものです。

こうした人たちを総称する「ネクタイアル中」という言葉があります。ネクタイとは、日本のサラリーマンを表しています。〝アル中〟という語には語弊があり、中毒とは薬物や毒物など何らかの物質が体内に入ったことで病態や機能障害をきたすことをいいます。一酸化炭素中毒や食中毒のように使います。急性アルコール中毒も、短時間で過剰なアルコールを摂取することで起きるものなので、この類です。中毒と依存症とはまったく別のものですが、いい習わされているのであえて紹介しました。

みなさんの身近にも、朝からアルコールのにおいを漂わせている人がいないでしょうか？　眉をひそめられながらも、仕事ができるので誰も何もいわない……しかし、この状態は絶対に長くはつづきません。一時的には仕事で成果をあげられても、アルコールの量を自分でコントロールできなくなるときが必ず来ます。これは依存症の宿命のようなもので、飲みたいから飲むわけではなく、おいしいから飲むわけでもなく、何があっても飲まなければならないという強迫観念に支配された状態にいずれ陥っていくのです。

ほかの依存症でも同様で、万引き依存症ではこれ以上つづけると捕まると思いながら盗み、セックス依存症ではセックスなんてもうこりごりだと思いながら危険な性行為を繰り返します。彼らは依存症であることを否認するときに「やめようと思えば、いつでもやめられる」といいますが、その実、「やりたくないのに、やめられない」という、とても矛盾した状況に陥っています。

飲酒しながらの労働がつづくと、いずれ身体機能は衰え記憶障害や見当識障害により情報処理能力が著しく低下し、仕事だけでなく生活そのものが崩壊していきます。追い打ちをかけるように、離脱症状が出てきます。この段階で受診すれば、アルコール依存症と診断がつくと思われます。

またコロナ禍以降は、感染リスクを恐れた依存症当事者が通院や自助グループへの参加が滞り、やがて孤立化し再使用や再行動化が起こる「コロナ・スリップ」という現象が見られました。働き方が変化することで、アルコールへ耽溺するパターンも変化してきています。

仕事と飲酒

サラリーマンをしながらアルコール依存症に陥っていく〝ネクタイアル中〟が日本に多いのは、仕事と飲酒が強固に結びついているからです。

新型コロナウイルスの蔓延で大きく変わることを余儀なくされましたが、それまでは飲食をともなう席で取引先をもてなす接待や、会社帰りに上司と部下、同僚たちと飲みにいって交流をはかる〝飲みュニケーション〟が多くありました。そうしょっちゅう飲みにいかなくとも、歓送迎会や忘新年会など、お酒が出るシーンは職場に付きものです。近年は、若者は飲み会離れしているといわれますが、裏を返せばそれまではいかに「会社で飲み会がある」のが当たり前だったかということになります。

仕事関係の人と飲むことが全面的に悪いというわけではありません。しかしお酒が仕事における潤滑剤であり、酔ったときに出る話こそが本音であって関係が深まると思われている点は引っかかります。アルコール依存症者が「酔っているときの自分が、本当の自分」「酔っていないと人と上手くしゃべれない」と思っているのと、けっして無関係ではないからです。

また、日本社会が酔っぱらいに寛容であることも影響しているでしょう。とくに男性は、飲んで羽目をはずす、つまり逸脱行為をしても、社会からそれほど特異な目で見られず、本人が後日、武勇伝のように語ることもめずらしくありません。仕事終わりの飲みの席で本音が出たとして、それは仕事にポジティブな作用をもたらすものばかりとはかぎらず、パワハラ、セクハラになりかねないことも間違いなくあるはずです。いやがらせを受けたほうにとっては、相手が酔っていたかどうかは関係ないはずなのに、酔っているときの言動は免責されがちです。痴漢をはじめとする性暴力の加害者も「酔っていて覚えていない」という人は一定数いますが、これは何の弁明にもなりません。酔って何をしても、翌朝、時間どおりに出勤していれば周囲から何もいわれないのが日本社会です。

このような酒の席での習慣は、私は男尊女卑の価値観によって助長されていると考えています。男性は仕事さえできていれば、どんなにマナーが悪くても、ハラスメントをしても免罪されてきたのです。

依存症と人間関係

もう少し依存症について、見ていきましょう。

依存する対象はアルコールや薬物という精神作用物質だったり、ギャンブルや万引きといった行為だったり、ＤＶやセックスのような関係性だったりとさまざまですが、どれもその人自身や周囲の人の人生を蝕むことは共通しているのです。依存症は慢性疾患かつ進行性の病で、どのような依存症でも病状が進むとその先に待っているのは孤立や死です。最終的には人間関係をすべて失いひとりぼっちになるのです。

依存の対象がギャンブルならあらゆる嘘をついてでも周囲の人からお金を借りようとして見限られますし、万引き依存症の人も逮捕された後に再犯をしない日々を支え回復に協力してくれる家族がいたとしても、それでも盗むのをやめられないとなるとやがては刑務所に入ることになり、最後は周りの人たちも離れていってしまいます。セックス依存症の人は人間関係などお構いなしに危険な性関係を結ぼうとするので、周囲から孤立するリスクはとても高いです。

依存している対象以外の物事がどうでもよくなっている人と付き合うのは、誰にとっても苦しいものです。クリニックに通っている依存症患者たちは、かろうじて誰かがそばにいてくれるケースが多いですが、これはみずからの意志で通院しようという人がほとんどいないからです。だいたいは家族や弁護士、会社の上司などからいわれて渋々受診します。本当の意味で孤立している人は、クリニックや自助グループにすら来ません。

ではワーカホリックはどうでしょうか。組織で仕事をしていれば物理的にひとりになることはそうありませんが、仕事「しか」していない人は、友人知人と交流を深める時間を持とうとしません。家族を顧みる余裕もなくなります。仕事をしていない時間に意味を感じられず、それどころか不安や罪悪感にさいなまれます。

職場の人から仕事ができると重宝されているうちはいいですが、それが破綻するとみなが離れていくでしょう。ワーカホリックになると、同僚や先輩、後輩とも仕事を抜きにした人間的なつながりは期待できないでしょう。困難に陥っても、結局はＳＯＳを出すことができず手を差し伸べてくれる人がいないという状況になりやすいのです。

仕事以外のことが目に入らないとなると、家族とも良好な関係を築けなくなります。家庭で過ごす時間にも価値がないと考えるからです。家族のなかにひとりでもワーカホリックの人がいれば、その家庭は機能不全状態に陥りやすいといえます。

私はこれまで15年以上にわたって、日本ではじめてＤＶ加害者の問題を専門に扱った心理相談機関メンタルサービスセンター（ＭＳＣ）で、暴力克服プログラムに携わってきました。ＤＶも反復する加害行為という意味では広義の依存症（行為依存や関係依存）にあてはまり、膠着した支配従属関係性への耽溺とみることができます。これまで加害者臨床の現場で向き合ってきた数多くの加害者たちをふり返ると、ワーカホリックの人が多かったことに気づかされます。

ＤＶとワーカホリックの関係をお話しする前に、ＤＶにおける男女比を見ておきましょう。デートＤＶと呼ばれる交際中の暴力もありますが、これから挙げる調査の対象は内縁関係を含む配偶者間の暴力です。警察庁が２０１２年中に検挙した、配偶者間における殺人・傷害・暴行は４４５７件で、そのうち４１４９件（93・1％）は女性が被害者となった事件でした。つまり被害者の９割以上が女性で、加害者の９割以上が男性だということです。[*7]

しかもこれはあくまで検挙された件数でしかなく、表に出てこない被害はどれだけあるかわかりません。また、ここで示されているのは殺人・傷害・暴行とみなされるＤＶのみで、精神的、性的、経済的、社会的、そして子どもを使った暴力は含まれません。それでも、ＤＶは主に男性から女性に対する暴力であると断言していいと思います。私が加害者臨床の現場で相対してきたのも、１００％男性でした。

ＤＶ加害者たちは、一見やさしげな風貌の男性が多いです。人当たりがよく、話も上手で、いわゆる〝いい人〟に見えます。おまけに、仕事熱心です。こうなると社会からの評価はとても高く、発覚したときに「まさかあの人が」と思われます。

仕事熱心といえば聞こえがいいですが、それも度を過ぎていて、あきらかにワーカホリックの傾向があると私は見ています。本人たちも「俺は仕事ができる」と自負しています。だからでしょうか、家庭でも指示命令系統を作りたがるのがひとつのパターンです。当然、上司にあたるのは自分で、妻は部下です。ワーカホリックの人は仕事を通じてしか人と接することができないので、家庭にもそれを適用させようとしているのでしょう。妻に指示を出して家庭を切り盛りさせ、それを自分が評価するという構図を作るのです。

暴力克服プログラムでは、妻にどんなことをしてきたのかを話してもらいますが、妻が何かを望んだとき「俺に対してプレゼンしろ」と命じていたという人がいました。それによって自分が納得したら希望をかなえてやるという意味だそうですが、妻がどれだけ言葉を尽くしても夫は「それじゃわからない」「プレゼンの仕方がなっていない」ということができます。

妻から見たDVの実例をひとつ紹介します。

40代、Bさん　女性

Bさんは専業主婦で、小学校1年生の男の子を育てています。夫はBさんと同じ

40代ですが小さな会社の経営者で、毎日朝5時には仕事へと出かけ、夜は8時すぎに帰宅します。土日もほとんど自宅でこもって仕事をしています。平日は、帰宅後すぐにお風呂に入り、Bさんがそのあいだに夕食の支度を整えます。お風呂からあがったときに食卓が整っていないと、お説教の対象になるからです。

食事を終え、Bさんが息子をお風呂に入れてから寝かしつけるのを待って、夫はテレビを消します。Bさんは正面の床に正座して、今日あったことや息子のことを報告します。夫はそれを聞き、Bさんがいかに効率悪く動き、時間とお金を無駄にしているかを教えてくれます。夫がいうにはBさんは何をしてもダメな人間なので、こうして注意してもらえることをありがたいと思わなければなりません。生活指導という名のもとに行われる説教は1時間以上に及ぶこともあります。

夫は眠くなると話を終え、寝室にいきます。Bさんはほかの家事を片付けるまで眠れません。

妻のちょっとした失敗をあげつらい、何時間も説教をするDV加害者は本当に多いです。職場で部下に同じことをすれば、あきらかにパワハラです。

本来、妻と夫のあいだに上下関係はないはずです。一方で日本の組織は上下関係によって成り立っています。いまでも年功序列のシステムが生きている組織も多いでしょう。それに適応することは社会を生き抜くための術ではありますが、ワーカホリックになると、仕事で接している世界がすべてになるため、家庭でも妻やほかの家族と対等の関係を築くという発想がなくなり、部下のような感覚で、妻をコントロール下に置こうとします。

ＤＶという形で暴力に依存している人、暴力でしか家族とつながれない人は、家庭内で孤立しています。本人は結びつきを感じていることもありますが、それは一方的な思い込みにすぎません。耐えかねた妻が家を出たとき、それを青天の霹靂と感じ、理由がまったくわからない加害者は多いのです。そもそも本人が思うつながりも「養ってやっている」という一方的なものだったり、非常に支配的なものだったりで、およそ適切とはいえません。

会社でも家庭でも、人と本当の意味で親密な関係を築くことができず孤立するワーカホリックの人たち。人間関係においてすでに〝死〟を迎えているといっていいでしょう。

条件付けと報酬系の仕組み

困ったことに、人は死と隣り合わせにあるものによりハマりやすいと考えています。

アルコールであれ薬物であれ、身体にいいと思って常用する人はほとんどいません。このまま精神作用物質の過度な使用をつづければ身体を壊すということはわかっています。酒を飲んだり薬物を使ったりするときはできるだけそれを考えないようにしますし、「酒は百薬の長」とうそぶきもしますが、「もうほどほどにしておいたほうがいい。こんなことをつづけていたら、いつか破綻してしまう」という考えが頭から消えることはないのです。

万引きや痴漢における最大の死は、「逮捕」つまり刑務所にいくことです。頻繁に犯行に及んでも逮捕されない自分に「今回もまた助かった」という〝成功体験〟の上書き保存をして万能感を覚える時期もありますが、それでも逮捕の二文字が意識から抜けることはありません。むしろ、それがないとハマらないともいえます。

死を意識するからこそハマりやすいというのは、ギャンブルで考えるとわかりやすいです。必ず毎回勝って、毎回お金がたくさん儲かる――これはうれしいことかと思いきや、実はそれほどハマらないものですし、そもそもそんなシステムではギャンブル産業は成立しません。何回やっても負けつづけるものであれば、経済的に困窮していくだけなのでこれもまたハマることはないでしょう。

負けが込んでいて、たまに勝つ。これがギャンブルに最もハマりやすいパターンです。クリニックに通院している人たちに聞くと「勝てない時期がつづき、もう今月の家賃ギリギリのお金しか残っていない。思い切ってそれを賭けてみたら……リーチが来て、当たった！」というような経験をしています。一度、経済的な死に近づいたうえでの、一発逆転。脳内では、報酬系回路から快楽物質であるドーパミンが大量に分泌されます。

ドーパミンとは快感を増幅する中枢神経系に存在する神経伝達物質で、快楽神経系と呼ばれる神経路のスイッチを入れるのが役割です。つまり人間の行動の条件付け（癖付け）の引き金になるものと言えます。快楽神経系が興奮すると、快感・意欲を生む、活動的になる、気分がハイになる（多幸感）といった作用があり、攻撃性・創造性・運動機能などを調節する働きもあります。そして、快楽の欲求をコントロールするのは、大脳基底核です。快楽の情報（快感）は電気信号として神経細胞を伝わり、大脳基底核に達します。

快感を伝える神経伝達物質はドーパミンであり、神経細胞間に放出されたドーパミンを次の神経細胞の受容体が受け取り、大脳基底核が満足と感じれば、精神的欲求は抑えられます。

しかし、ドーパミン受容体は過剰な情報（快感）を受けつづけると、次第に麻痺してだんだんと減少していきます。受容体数の減少によってドーパミンから受け取る快感の信号は減弱し、大脳基底核に達する情報回路（報酬回路）の反応が鈍化し、なかなか満足せず快楽を得る行為を果てしなくやりつづけるようになります。これを私たちは「ドーパミンの耐性」と呼んでいます。依存症になると必ずといっていいほど問題行動がエスカレートしていきますが、それは耐性ができたためより強い刺激を求めざるをえなくなっているからです。

さて、話をギャンブルに戻します。ギャンブルで勝つには、運だけでなく努力も必要です。運だけでは、まぐれ当たりすることはあるにしても、勝ちつづけることはまず不可能でしょう。そこで人は自分の勝敗をデータ化し勝つための努力をします。ギャンブル依存症の人たちは非常に研究熱心です。その熱心さはまさにワーカホリック的だといえます。勝ったときには「自分が努力したからだ」と思ってさらに努力しますし、負けたときには「自分の運が足りなかったからだ」と考え、運を努力でカバーしようとさらに努力を重ねます。もちろん運も必要なので、負けかかっていながら最後の最後で当たりがでることで「自分の運はまだ尽きていない」ということを再確認します。運と努力の絶妙なバランスによって、人はギャンブルにハマっていくようになります。臨床の場ではこれらを総称して「間延びした強化」とよんでいます。

依存症になる人は、えてして真面目で努力家が多いです。万引き依存症の人は捕まらないように防犯カメラの位置や店内の死角を研究し尽くしますし、痴漢をする人も駅での停車位置、改札の位置を研究するなど、いざというときに逃げるための努力は怠りません。どちらも犯罪行為ですから、それ自体許されないことですが、非常に熱心に取り組みます。努力した末に成功したほうが、その報酬をより大きなものと感じられる。これは、依存症ではない人にもわかりやすいでしょう。

死と隣り合わせだからこその充実感、努力が結果としてあらわれるほど報酬系の回路が刺激されより大量のドーパミンが出るとなると、ワーカホリックも例外ではありません。長時間労働やハードワークをなぜかうれしそうに語る人がみなさんの周りにいないでしょうか。「俺、寝てないんだよ」「毎日、家と会社の往復だけだよ」「子どもが起きている時間に家にいた試しがない」「俺は社畜だから」……〝忙しい自慢〟などといわれることもありますが、本人としては自虐なのだとしても、かなり大変な状態であるにもかかわらずどこか楽しそうだから自慢だと受け取られます。

十分な睡眠がとれていないのも、余暇がないのも、家族との触れ合いの時間が持てないのも、健全な生活であるとはいえず、長期間にわたってつづけば必ずや心身に無理がたたり家族関係も希薄化します。けれど、その働きぶりが職場で評価されるとなると高揚し、やめられなくなります。ドーパミンの報酬（承認欲求）が金銭の報酬よりも強いものとなることがあるのです。そうしてますます、ハードな働き方にのめり込んでいきます。

また、ギリギリの納期があったり、大きな金額を動かしたりといった、失敗すると〝仕事上の死〟につながるような案件を前にして、しんどく感じると同時に、テンションが上がったことはないでしょうか。仕事とはそういうものだと思われているところもありますが、こうした死のリスクを感じながらの仕事がつづくと、ワーカホリックになるリスクは高まります。やがてドーパミンの耐性ができ、いままでの刺激ではもの足りなくなり、より過酷な環境に身を置くことを強迫的に求めるようになります。

これは私にもよく身に覚えがあることです。勤めているクリニックは東京、神奈川に7カ所のクリニック（2023年5月現在）があり、これからも現代社会のニーズに応えつづける形で増えていく可能性が高いですが、私はだいたい3年ごとに新規クリニック起ち上げの責任者を任されることになります。クリニックの型を作る大事な仕事で、本当に多くの困難が待ち受けています。人や物品が足りない、新しいプログラムをいくつも考える、講演会を定期的に開催して関係機関にＰＲする、核となるスタッフを育てる、町内会など地域社会に理解を求める……。とくに1年目はハラハラすることばかりです。それに加えて、どこにも受け入れてもらえなかった、対応のむずかしい個性的な依存症患者と出会うこともあり、毎日ドーパミンが大量に出ている状態です。たとえるならば、毎日1000本ノックを受けているような状態といえるのではないでしょうか。

しかしそれも、起ち上げから3年が経つころには少しずつ刺激がなくなり鈍くなってきます。先述した、ドーパミンの耐性ができてしまったということでしょう。つまり脳が学習して「飽きて」くるのです。そうすると私の脳は例のごとく「昔のようにドーパミンを出せ」とそそのかしてきます。そんなときに別の地域での新たな起ち上げに携わることになると、またもその土地特有の困難が盛りだくさん。〝仕事上の死〟すれすれのリスクをたくさん体験する日々が、再び私を待ち受けている、という仕組みなのです。そのたびに冷や汗をかき心臓に悪いと思うのですが、ますます脳の報酬系回路を刺激され、仕事にハマッていく自分を感じます。これもまた「アディクション臨床にアディクションしている」といえます。

人は生き延びるために依存症になる

繰り返しになりますが、依存症とはさまざまな死につながる病で、ワーカホリックとは死につながる働き方をやめられない状態です。そう説明されると、どちらもとても危険な状態であることがわかります。しかし対象が何であれ、依存症で苦しんでいる人たちはなりたくてそうなったわけではありません。依存症にならずに済むならそうしたかったでしょう。

かつては「甘えているだけ」「意志が弱い人がなる病気」と思われていた依存症も研究が進み、現在は次のような視点が専門家から支持されています。

人は生き延びるために依存症になる。

依存症とは死につながる病気であるということと、完全に矛盾しているように見えるかもしれません。どういうことか説明していきます。

人が何かに耽溺し条件付けの回路が出来上がると、ドーパミンが過剰分泌されることはすでにお話ししたとおりですが、それによってもたらされる快楽で身も心も満たされているとき、同時に何かが麻痺しています。この麻痺がポイントです。

先に例をあげましょう。

60代、Cさん　男性

Cさんは40年近く勤めていた会社を定年退職しました。子どもたちは独立し、定年後しばらくたってから離婚しています。家庭をかえりみず子育ても親の介護も妻に丸投げで仕事一筋だったので、その後の人生をともに送りたいとは思わないというのが、妻の離婚の理由だったそうです。Cさんは仕事以外にはとくに趣味もなく、定年後の時間を持て余します。誰かと話をすることもなければ、仕事で成果を上げ周囲から称賛されることもありません。妻は、生まれたばかりの孫を世話するため子どもたちの家庭によく出入りしているようですが、これまで子育てにほとんど参加してこなかった父親のもとには子どもたちからの連絡もありません。

孤独な日々をまぎらわすためにCさんが手を伸ばしたのが、お酒でした。もともと営業職だったため接待などで飲酒の機会は多く、お酒は好きでした。一緒に飲む友人はいません。これまで仕事関係の人としか酒席を共にしてこなかったからです。けれど、飲むだけなら家でできます。最初は晩酌だけのつもりが、いつのまにか昼から飲むようになり、やがて朝から飲むようになり、気づけば起きているあいだシラフでいる時間がなくなりました。

これは、男性がアルコール依存症になるひとつの典型例です。定年退職による社会的役割の喪失感、人とのつながりがなくなったがための孤立した状態。失ったものがある一方で、男性の働き方は飲酒文化と強く結びついていますから、お酒を飲む習慣だけは残っています。誰からも評価されず、親しく言葉を交わす人もおらず、生きている張り合いもない毎日。ふと「孤独」という二文字の背景に〝死〟が頭をよぎります。そんな空虚な時間をまぎらわせてくれるのが、お酒なのです。

これを現実逃避と見る人もいるでしょうが、彼にとってお酒は、死に傾きそうな自分を現実につなぎとめておくための手段でもあったのです。死ぬほど寂しいという気持ちを酔いで「麻痺」させることで、彼は日々をなんとかやりすごし生き延びました。その結果、アルコール依存症という死にいたる病に陥ってしまったのはとても皮肉ではありますが、そこにはいままでの人生を見直し新たに生きなおす、つまり回復するという可能性も残されています。依存症からの回復とは、周囲とのつながりを取り戻し、傷つけた人との関係性を再構築し、どのように孤立を防いでいくかを考えることでもあります。まさに生き方の大変革といっても過言ではありません。

目の前にとてもつらい現実があったとき、力をふり絞ってそれに立ち向かえる人もいますが、すでに気力も体力も尽きてしまった人にはそれができません。そんなとき身近に、一時的にせよ苦痛を緩和させてくれるものがあったら……。

それは、アルコールや薬物といった精神作用物質かもしれません。ギャンブルのように経済的に大きな損失をともない、人間関係を破綻させるものかもしれません。万引きや痴漢行為であるかもしれません（何度でも繰り返しますが、このような加害行為は、どんな事情があっても到底許されるものではありません）。あるいは、死につながるような働き方なのかもしれません。当人は依存対象がなんであれ「これが苦痛を一時的に緩和する最良の方法」と思ってすがるわけではないと思いますが、それでも、そこで生じる報酬効果によって心理的苦痛がいったん棚上げされるのです。

そう考えると依存症の本質は「快楽」ではなく「苦痛」であると読み解けます。この負の強化のメカニズムを「自己治療仮説」といいます。人は自身の心理的・身体的な痛みを緩和、または低減するために、何らかの精神作用物質や行為に依存するという仮説です。

苦痛というのは、Cさんのように喪失感である人もいれば、虐待やDVなどの暴力によるトラウマ記憶、家族と離死別したことによる孤独感、何らかの出来事によって自尊感情が大きく損なわれたなど、人によって実にさまざまです。

依存症の治療では、「なぜその対象に依存する必要があったのか」に向き合うことになります。お酒やギャンブルをやめるためのスキルを身につけることも重要ですが、その〝なぜ〟がわからないままでは、もしくは解消されないままでは、生きづらさの根っこを理解することができないからです。

生きのびるために何かに耽溺し、依存症になったことで死に近づくというのは、悪い冗談のようです。けれど、何かに耽溺しその行為がエスカレートすることで周囲に「助けてほしい」というメッセージを発しているという見方もあります。これを「パラドキシカルメッセージ」といいます。最初から死ぬために依存症になった人は、いないのです。

依存症と自尊感情

そんなパラドキシカルなわかりにくいメッセージではなく、ストレートに「助けて」といえればいいのですが、依存症患者たちを見ているとこれがとてもむずかしいことだとわかります。だらしない、意志が弱いというイメージとは裏腹に、依存症になる人たちは真面目で責任感が強く、頑固な人が多いです。それだけに、人に助けを求めるのが苦手だったり、そもそも助けてもらおうという発想がなかったりします。自分は助けを求めるに値しない人間だと思っていることもしばしばあります。

「自尊感情」は、依存症を考えるうえで外せないキーワードです。自尊感情と依存症のリスクとは、反比例の関係にあります。大げさに言うと、自尊感情が高い人は依存症に陥《おちい》りにくく、低い人は陥りやすいといえます。何らかの依存症で通院している人に「対象のモノや行為にハマったきっかけ」を聞いてみると、たまたまや興味本位という回答も見かけます。しかし、一方で自分に自信を持てなくなって落ち込んでいた、自分自身がとことんイヤになっていた、大きな喪失体験があり自暴自棄になっていたなど、自己を否定し、自尊感情が著しく低下していたことがわかる回答も多数見られます。

アルコール依存症においては昨今、〝ストロング系チューハイ〟といわれるアルコール飲料が危険な酩酊の仕方をすることがあるとして、専門家がアルコール業界の危険ドラッグとして警鐘を鳴らしています。レモンなどさわやかさを感じる味つけでジュースのようだし、ふたを開ければすぐに飲める、そのような市販の飲料をＲＴＤ(Ready to Drink)と総称しています。しかもアルコール度数が９％もあります。５００㎖缶の半分強も飲めば、厚生労働省が定める男性の１日の純アルコール適正摂取量20ｇに達してしまいます。にもかかわらずとても安価で、スーパーやコンビニなどどこでも手に入るというのが、また危険です。ちなみに20ｇとはアルコール度数５％の５００㎖の缶ビール１本をさします。

アルコール依存症の人たちには大人気なのですが、ここで注目したいのは商品名に「強さ」をイメージする単語がついている点です。なぜこれを選ぶのかを尋ねたところ、あるヘビーユーザーの男性はアルコール度数の高さもさることながら、パワーワードに心惹かれていると話してくれました。自分はダメだ、価値のない人間だと自信を喪失していたときについ手が伸びるネーミング。売り場にたくさんの商品が並んでいるなかで、ある種のワードが、自分の〝男らしさ〟を取り戻す力強いイメージや、リセットしてゼロからスタートできるというイメージにつながり、「これを飲めばなんとかなるんじゃないか」と思えてくるのだそうです。

また、性暴力を繰り返す人たちのなかで、加害行為をしたときの心の状態を「自暴自棄になっていた」と語る人はとても多いです。被害者にとっては、その人が何を思って加害行為をしたかもその人の自尊感情がどうだったかも、まったく関係ないことですが、今後、性暴力を防いでいくうえで、加害行為と自尊感情は大きなヒントになります。

自尊感情が大きく損なわれたときに、話を聞いてもらってダメな自分をさらけ出せる家族や友人、職場の仲間がいればいいのですが、そこは人に頼るのが苦手で「助けて」がいえない人たちです。人に弱音を吐くことも弱みを見せることもできません。こうした人は、とくに男性に多いです。

私も「男とは安易に人に弱みをみせるものではない」という考えに、縛られていた時期が長くありました。しかしクリニックに就職して依存症の臨床現場で働くことになったとき、職場の上司から1年目の課題として「1日に3回、誰かに『助けて』をいいなさい」

といわれました。最初はなんでそんなことをしなければならないのだろうと思ったものです。仕事ができない人間だと思われたくないという恐れもたぶんにあったと思います。実際に仕事をはじめると、「こんなことで人を頼るのはみっともない、自分でなんとかしよう」と考え、周囲に助けを求めることにすごく抵抗がある自分を発見しました。一方で、体育会系に特有の上下関係のなかで長らく生きてきた私にとって、目上の人の指示は絶対です。課題の「1日3回SOS」を無理やり守っていました。

そうしているうちに、私は高い壁に何度も行き当たりました。新人の自分だけではどうにもできない処遇困難ケースといわれる患者の担当になったときなどに、ひとりで抱え込むことは危険です。当時新米のソーシャルワーカーの私に対して百戦錬磨のアルコール依存症や薬物依存症の患者は、「夜道は気をつけろよ」「ここで仕事できないようにしてやるぞ」「おまえを訴えてやるからな」などさまざまな形で私の不安を揺さぶってきました。そんなときでも周囲に「助けて」ということができたのは、すでにヘルプを求めることが習慣となっていたからです。日頃から「自分ひとりで何とかしなければ」と思っていたのだとしたら、このとき助けてほしいとひと言いうのに、ものすごい勇気を必要としたでしょう。

助けを求めることを半ば強制されたのは、私の性格や対人関係のクセを見越してというのもあると思いますが、対人援助職はひとりで抱え込みやすく、その結果、ワーカホリックとなりバーンアウトを起こしやすいので、それを防ぐ意味もあったと思います。周囲に自分が困っている状態を伝えられないままでは、いつか大きなミスをしてもそれを隠しつづけてしまい、やがてとりかえしのつかないことになっていたかもしれません。

クリニックに通う患者から話を聞くと、傷ついた自尊感情はアルコールや薬物によって麻痺させることができていたといいますし、ギャンブルや万引き、痴漢などでは成功したときに万能感や承認欲求が満たされたと語る人が多いです。人からの承認こそ最大の報酬といえますし、自分の思うとおりに状況をコントロールできた、という実感があるのでしょう。これも自尊感情が傷ついたことによる反応のパターンと見ることができます。犯罪行為や他者への加害行為によって、自身の自尊感情を回復するということは絶対にあってはならないことですが、性暴力やＤＶなどもこれに当てはまります。まさに「加害行為という自己治療」といえます。２０２０年に発覚し、逮捕された「キッズライン事件」の加害者のうちのひとりの事例を見てみましょう。

キッズライン事件とは、ベビーシッターと保護者をマッチングさせるアプリ・キッズラインを通して発生したものでした。ここに登録していたベビーシッターが、20人もの男児に性的行為やわいせつな行為をしていたのです。彼は、幼少期に母がアルコール依存症で家を出て父から暴力をふるわれ、学校でもいじめられどこにも居場所がありませんでした。自身も中学生のときに男性から性被害を受け、やがて男児に性的な魅力を感じるようになったと言います。当時、私は彼の治療プログラムに取り組みました。朝日新聞に裁判を傍聴していた記者が記事を書いていたので、それを一部引用してみます。

　弁護側の証人として、性加害者の再犯防止に取り組む大船榎本クリニックの精神保健福祉士・社会福祉士、斉藤章佳さんが出廷し、被告の心理状態を説明した。

　斉藤さんは東京拘置所で橋本被告と5回面会して性加害の治療プログラムを実施した。その結果について、「生い立ちや過酷ないじめのトラウマを自己治療するために、子どもへの性暴力を繰り返した」と話した。斉藤さんは小児性愛障害の問題を抱える約150人の患者を診てきたが、多くがいじめや親のアルコール問題を経験しているという。「性加害者の治療に関わっていると、過去にモノのように扱われた人は、成人した時に自分より弱い対象を『モノ化』するというパターンがある」。そのうえで橋本被告には「男の子は性に関心があるので陰部を触っても性的に興奮し、許される」という「認知のゆがみ」があったと指摘。カウンセリングを通じて、いまは被告自身が「認知のゆがみ」を自覚している、とも述べた。斉藤さんは、再犯防止のために継続して治療プログラムを受ける必要性も強調した。①再犯のリスクが高まった時の対処法を具体的に考える、②薬物療法で生活習慣を整えたり、性欲を抑えたりする、③被害者の声に耳を傾け、自分の性加害行為に責任をとる――の3点に重点を置き、治療プログラムをつづける必要があるという。「自分の問題を共有できる場所を持つことが一番大事だ」と語った。(「モノのように扱われた生い立ち 20人に加害した『自己治療』の闇」(朝日新聞デジタル、2022年8月3日)[*8])

自尊感情を守ろうとすること自体は、人として当然です。それがなければ、社会生活は立ち行かなくなるでしょう。けれどそれを実感するために、不適切な努力を選択してしまうことがあります。とくに、男児へ性的暴力をふるうなど、他者に損害や危害を与えるものは論外です。そういう意味で依存症とは、ストレスへの不適切なコーピング(対処法)が習慣化した結果であると考えることもできます。

ワーカホリックと自尊感情

依存症と自尊感情は、切っても切れない関係にあるとわかります。そしてそれは、ワーカホリックにも当てはまることではないかと考えています。

「仕事を人よりも早く仕上げた」「たくさんの売上を立てた」などの成果をあげれば他者からの評価を得られ、それによって承認欲求が満たされていると実感できます。日本においては仕事で成功する＝人生での成功と思われる傾向が強いので、結果を出しさえすればおのずと自尊感情も高まるでしょう。

先に「アルコールや薬物依存症の人にワーカホリックの傾向がよく見られる」とお話ししましたが、彼らのなかには親が何らかの依存症の問題を持っていたり、ネグレクトを含む児童虐待や面前ＤＶがあったりと過酷な生育歴だった人も多く含まれます。

たとえば、著書『しくじらない飲み方――酒に逃げずに生きるには』（集英社）の第５章に登場するＫさんは、比較的裕福な家庭に生まれながら、幼少期に親から愛されていなかったという「こころの穴」にずっと悩まされてきました。以下に、そのエピソードの一部を抜粋します。

これは、アルコール依存症の人ならわかってくれるような気がするんですけど……心にいつもぽっかりと穴があいていて、酒を飲んだときだけ満たされるんですよ。実際には、何も解決していないし、翌朝になるとまた空っぽになっているんだけど。だからまた、埋めるために飲む。その繰り返しです。

僕の場合は、たぶん承認欲求なんです。自分はもっとできるんだ、認められるべきなんだ、って思っているのに、現実が全然そこに追いついてこない。

僕は新卒で食品メーカーに入社したんですが、そこは入社5年目にみんな主任になるんです。でも僕だけなれなかった。そのことが、めちゃくちゃつらかったんですよね。周りから僕だけ取り残されてるのが耐えられなくて、（中略）ずっとそういう思いを抱えていました。

僕は大人になりきれてなかったんでしょうね。中身が子どものまま、理想の自分と現実の自分のズレを、修正できなかったんです。（中略）

ＡＡでは、自分より先に入会した〝先輩〟のメンバーと一緒に、自分の人生を一から振り返るっていう作業をします。僕の場合は32歳の人とペアになって、それをやりました。そこで僕は、自分が親に愛情を持って育ててもらえなかったんだっていうことに、はじめて気づいたんですよね……。両親は僕に関心がなかったたし、褒めてもらったりした記憶もない。愛情表現というのが、全然なかったんです。だからたぶん、認められたい、愛されたい、っていう気持ちが満たされないまま大人になってしまったんだと思う。

僕の父方の祖父もアルコール依存症だったし、父も母も、自分が親から愛情を受けて育っていないから、子どもにもそれを与えられなかったんだろうな。そういう意味では、親のことを悪く思ってはいないんです。あの人たちも、かわいそうだな、仕方がないな、と思えた。AAのプログラムでは、『許す』ということがとても大事なんです。怒りは、スリップ（再発）につながるトリガー（きっかけ）になりうるので。

Kさんのエピソードをみてもわかるとおり、そうした人たちは、ある意味人格や存在そのものを否定されながら育ってきたため、そもそも健全な自尊感情というものが育ちません。そんな彼らにとって仕事で承認を得るというのは、とても手っ取り早い方法なのです。それゆえ、自分という人間を押し殺して組織のために全身全霊を傾ける働き方にハマりやすいといえます。いうなれば〝歪んだ承認欲求〟です。働けば働くほど欲求は完全には満たされることなく、次から次へと、むくむくと大きくなっていきます。

一方、日本社会では滅私奉公という言葉もあるとおり、そうした働き方が評価されます。自尊感情が低いという彼らのパーソナリティと社会とが、相互に強化し合ってワーカホリックを量産し、過労死への道をひた走ることになります。

しかし仕事というものは、がんばるほど結果が出るものではなく、うまくいかないときが必ず訪れます。自尊感情が低い人は、「自分なんかが助けを求めても誰も助けてくれない」「かえって迷惑をかけてしまう」と思っていたり、「ダメなやつだと思われるかもしれない」とおそれたりして、助けを求めることができません。追い込まれたときについ手が伸びるのがアルコールや薬物で、そうした精神作用物質の助けを借りて自分を仕事に駆り立てようとします。どんな異常な働き方でも、功を奏して周囲から評価されれば、承認欲求は満たされます。すると本人は「これでいいんだ」とあやまった学習をしてしまい、死につながる働き方をやめられなくなる……という悪循環に飲み込まれます。

ひとりの人が、対象の異なる依存症をいくつか同時に抱えていることをクロスアディクションといいます。これはもうワーカホリックと、アルコールや薬物とのクロスアディクションといっていいと思います。

ワーカホリックと認知の歪み

ここまで、いまのところ病理化されていないけれど、ワーカホリックは、依存症の特徴を十分に満たしており、それは死につながりかねない大きなリスクを抱えたものだということを見てきました。またワーカホリックと依存症が密接につながっていることも確認しました。

ワーカホリックに当てはまる日本人はどれだけの数になるのか想像もつかないほどですが、働き方を考えるときにこの問題が全面に出てこないのは、やはりそこに「自分は依存症ではない」という否認が働くからではないかと考えられます。身近な人が「さすがに働きすぎだろう」「少しは休んでほしい」と思っていたとしても、社会全体からの「働くことはいいことだ」という後押しがあるかぎり、異常な働き方をやめるという発想には至りにくいのです。

依存症の特徴のひとつに、自分は依存症という病気ではないという否認があるとお伝えしてきました。その否認と必ずセットになっているのが、〝認知の歪み〟です。

認知とはものの見方や考え方のことで、それが歪むとは、アルコール依存症ならお酒を飲むために、万引き依存症なら盗みつづけるために、自分に都合よく現実を歪めて捉えるという意味です。依存症に陥った人には、もれなくこの現象が見られます。

たとえばアルコール依存症なら、「自分がお酒を飲むのには理由があるんだ」「だから周囲がいうほど悪いことではないのだ」という考えなので、正当化や思考の偏りと言い換えることもできます。

代表的な思考パターンは「やめようと思えばいつでもすぐやめられる」というものです。これは「だから自分は依存症ではない」という否認につながりますし、「だからいまこれをやめないことは、何の問題もない」という現状の正当化にもつながります。

知ってほしいのは、それぞれの依存症ごとに特有の認知の歪みがあり、同じ依存症の人同士、口をそろえて同じフレーズを使うことです。そこにオリジナリティというものは、ほとんど見られません。

アルコール依存症であれば「周囲には自分よりもっとひどい飲み方をしているやつがいるし、自分はまだ大丈夫」といいますし、万引きであれば「いかにも盗ってくれといわんばかりの商品陳列だ」「ほかの商品は代金を支払っているので、ひとつぐらい盗るのは問題ない」といい、DVであれば「これは暴力ではなく愛情表現のひとつだ」「俺に殴らせるお前が悪い」といいます。一般の人が聞いたらにわかに信じがたいとんでもない言説だと思われるものばかりですが、本人たちはいたって大真面目です。

なぜこんなにもパターン化されるのかというと、これらの偏りが、社会のなかの前提となっている価値観を巧妙に反映したものだからです。

最もわかりやすい例が、痴漢でしょう。典型的な認知の歪みに「短いスカートを穿いているのは、触られたがっているからだ」というものがあります。とんでもなく歪んだ価値観ですが、そう思っているのは彼らだけではありません。痴漢被害に遭った女性たちは周囲から、ひどい場合は警察などからも「そんなに短いスカートを穿いているから痴漢されるんだ」と責められます。まぎれもなくセカンドレイプであり、加害者に有利に、被害者に不利に働く価値観です。被害者は「自分に落ち度があったのでは」と自責をし、加害者は「嫌がっていなかったにちがいない」などと他責につながります。

痴漢を含む性暴力の防止において、いまでも被害に遭う側——多くは女性に自衛を求める言動はそこかしこで見られます。警察が性犯罪防止キャンペーンを行うときに「夜道に気をつけよう」「服装に気をつけよう」と女性に自衛を呼びかけることが、いまだにあります。なぜそのようなキャッチコピーを採用するのでしょうか。警察は、男性中心の組織です。だから認知が歪んでいるのだと思われかねないところがあります。いまだ社会に性暴力が発生する理由は被害者にあり、自衛をしなかった女性が性被害に遭ったら自己責任という偏見がある。それに、どんな格好をしていても、どんな通りを歩いていても、加害者は内面化された歪んだ認知を背景に加害する理由を見つけます。

私は2006年から「性犯罪及び性依存症グループ（SAG：Sexual Addiction Group）」で、痴漢や盗撮、強制わいせつ、強制性交などの性犯罪を犯した人たちの再犯防止プログラムに携わっていますが、現場で彼らと対面しているときに、こう考えることがあります――もし仮に、社会に「被害者には一切の責任がない」「加害するほうが全面的に悪い」という価値観が当たり前であり、それが教育やメディアなどを通して強くメッセージとして発信されていれば、加害者の認知の歪みはここまで強化されることがないのではないか、と。

諸悪の根源は社会であり個人ではないと、彼らの加害行為を免責したいわけではありません。ただ、社会から「自衛しない女性が悪い」というメッセージを受けつづけているかぎり、彼らが自らの歪みに気づきそれを修正するのはとてもむずかしいのではないでしょうか。

対象のモノや行為に依存しつづけていると、思考の偏りは大きくなるばかりです。それにともない、問題行動もエスカレートします。ある大企業の管理職である痴漢常習者は警察に逮捕され、「女性専用車両に乗っていない女性は、痴漢されたがっているのだと思っていた」と真顔で話していました。私も聞いたときは思わず耳を疑いましたが、彼が痴漢をつづけてきた年月はどれほどのものだろうとも思いました。本人でもわからないほどの数の加害行為をし、その都度歪みが強化されていったからこそ、こんなに突飛なことをいうようになったのでしょう。ちなみに当クリニックの調査では、はじめて痴漢行為をしてから専門治療につながるまでの平均期間は8年というデータがあります(927人からの統計による)。

ここであらためて、ワーカホリックが依存症と同じ特性を持つのなら、どんな認知の歪みがあるのか考えてみましょう。たとえば以下のようなことでしょうか。

・仕事をしているのだから、プライベートでのある程度のしくじりは許されて当然である。
・人間性に問題があっても、仕事ができる人は成功者である。
・会社のためなら残業代が出なくても我慢して働くべきだ。
・休みの日でも仕事の電話がかかってくる私は、会社から必要とされている。
・休みや休憩時間をとらずに仕事をする私は労働者の鑑である。
・多少の体調不良で休むぐらいでは、周りから信頼されない。
・熱があっても、仕事をしながら治すのが当たり前だ。
・終電で帰ってこそ一人前だ。
・気合いと根性があればどんなハードワークもできるはずだ。
・ほかにもっと働いている人がいるのだから、これは働きすぎではない。

・理不尽なことでも「NO」といわずに引き受ける姿勢が大切だ。
・限界をつづけていれば、いずれ限界でなくなるはずだ。
・仕事はすべてにおいて優先される、私生活や家庭はそれより優先順位が下がる。
・仕事での成功は、人生のすべての喜びに勝る。

みなさんも一度はどこかで聞いたことのあるものが含まれているのではないでしょうか。「これって認知の歪みなの？　普通の考えじゃないか」と思った方は要注意です。私も、当てはまるものがいくつもあるので、人のことはいえません。

どの依存症でも思考の偏りに自分で気づくのはむずかしいものですが、それは、社会で大多数の人が共有している価値観を反映しているように見えるからです。休日や休憩時間を返上し、何よりも仕事を優先して会社に尽くす自己犠牲的な働き方は、日本社会においては評価されます。それで出世したり収入が増えたりすれば、歪みはしっかり強化され、温存されます。それが死に近づく働き方だと誰かに忠告されても貸す耳を持たなくなります。

自身はそうした働き方を望んでいなくとも、組織が孕んでいる歪みを内面化して、気づけばワーカホリックになっていたというケースも少なくないでしょう。上司から「風邪ぐらいで休むな」「一人前でもないのに早く帰るなんてありえない」といわれたとき、それに従わずにわが道を行くという選択は簡単にできるものではありません。多くの人が組織の価値観に適応するほうを選ぶでしょう。

２０００年代に入ってブラック企業が社会問題化しました。周りからみれば「すぐにでも辞めたほうがいい」とわかりますが、本人は組織から押し付けられた異常な風土に過剰適応してしまっているため、辞めるという発想に至りません。ブラック企業とは、その人の認知を意図的に歪め、ほかにもっとひどい組織があると洗脳し、健康を損なおうが社会生活に支障をきたそうが、つまり死に近づこうがお構いなしで働かせる企業、ということもできるでしょう。人為的にワーカホリックに陥れるわけです。これはギャンブル同様、仕組まれたアディクションといってもいいでしょう。

依存症とは依存対象であるモノや行為、関係性について、人生で大事にするべきものの優先順位が逆転する病です。家族と過ごす時間も友人と過ごす時間も後回しになります。自己犠牲的な長時間労働では、物理的にもプライベートタイムを大事にすることは不可能でしょう。仕事以外のものに価値を感じられなくなると、それ以外のことで問題が生じてもたいしたことではないと考えるようになります。自分は何よりも大事な仕事に邁進しているのだと大義名分が成り立つので、そんなことで足を引っ張らないでくれという気にもなるでしょう。しかしワーカホリックについては現在のところ病理化されておらず、自身もワーカホリックであることを認識できていない人が多いことから、そこへのアプローチもできていないのが現状です。

加害者家族が抱える苦悩から見える世界

ワーカホリックの典型的な認知の歪み、「仕事さえしていればほかのことは免責される」という考えを私が痛烈に感じるのは、性暴力加害者の家族をとおしてです。

当クリニックでは当事者を対象とするＳＡＧとは別に、その家族が通う「加害者家族支援グループ（ＳＦＧ：Sexual addiction Family Group-meeting）」もあります。夫や息子が犯罪加害者となると、家族は非常につらい立場に置かれます。それが性犯罪となると社会からの注目度が高いこともあり、白眼視される傾向はさらに強まります。本来なら、家族といえど別個の人間が犯した罪まで背負う必要はありません。欧米では加害者家族を〝Hidden Victim（隠れた被害者）〟と呼ぶこともあり、支援の対象として守られ、回復の道を歩くべき存在とされています。ＳＦＧも、加害者家族の回復をサポートするグループです。

妻の会、母親の会、父親の会と分かれているのですが、ネックとなるのは父親です。息子が性犯罪を犯したとき、父親が母親を責めることがあります。「なぜこんなふうに育てた」というのです。彼らの話を聞いていると、子育てを担っていたのは母親であり、ずっと仕事をしてきて息子とほとんど関わってこなかった自分は関係ないと思っていることが、手に取るようにわかります。仕事がどんなに忙しくとも、子育てにノータッチでいい理由にはなりません。これまで関わってこなかったなら、それは親としての責任を果たしてこなかったという意味なのに、彼らは自分は性犯罪者となった息子の子育てには関係がないという責任逃れの方便に使うのです。これはワーカホリック的な生き方をしてきた父親の、代表的な認知の歪みとみていいでしょう。典型的な方がいたので、あげてみます。

60代、Dさん　男性

父親の会に参加する人は、自分を語る言葉を持たない父親が多いです。Dさんは30代の痴漢加害者の息子がいて、父親の会に参加していましたが、グループミーティングで毎回ほとんどひと言も発言せず、腕組みをしたまま、眉間に皺を寄せていました。また息子が犯した痴漢に対しては、「男はムラムラしてしまうもんだ。触りたくなる気持ちはわかるが、実際に痴漢をするなんて何ごとだ」「風俗にいって解消できなかったのか」などと、同じ男であるという共通点から、どこか息子が犯した痴漢行為に対して根底では理解するような、Dさんにも息子と地つづきの認知の歪みが垣間見られる発言が多く見られました。

Dさんは、最後まで周囲の声に対してもあまり聞く耳をもたず「そんな集まりに行って、なんの意味があるのか」「何か解決策を得られるのか」「親が参加すると息子が事件を起こさなくなるのか」などとスタッフにも反論するありさまで、結局は父親の会に参加しなくなりました。

成人した子どもによる性加害ですから、加害者臨床の場では親の「育て方」はそれほど重視しません。けれど、これから本人が加害行為に責任をとり、再犯しない人生を送っていくうえで、自分とまったく向き合おうとしない家族の態度はマイナスに影響します。父親がそのような無責任な態度を変容して息子と向き合ったとき、本人も家族も回復への第一歩を踏み出すことができます。

依存症と孤立

最後に、もう一度依存症と人間関係について触れておきます。

当クリニックに通う依存症患者のなかには、職を転々としてきた人が多くいます。お酒や薬物を摂取することが前提の働き方が破綻すれば、たいていはその職場にはいられなくなります。これは物質依存だけでなく依存症全体にいえることで、行為・プロセス依存の側面がある痴漢では、逮捕されたことが会社にわかって辞めざるをえなくなるという流れになりがちです。最初は「実は冤罪なんですよ」などと虚偽の報告をし、周囲も一応はそれを信じるのですが、度重なればそうもいかなくなります。ひとつ事例を紹介しましょう。

50代、Eさん　男性

Eさんは入社してからまもなく、痴漢が日課となりました。女性に手をつかまれたけど電車を降りるときにふり切って逃げ、周囲に知られることなく出社したことは何度かありましたが、そのうち逮捕に至るようになりました。そのたびに「人違いで捕まってしまって、ツイていないですよ」「世の中にはお金目当てで冤罪を仕掛けてくる、トンデモナイ女性がいるものですね」などといっていましたが、あるとき、駅で逮捕されたEさんと泣きじゃくる女性の姿を、後輩に目撃されてしまいました。

それでも出社後は冤罪だとEさんは主張していましたが、会社の人たちは次第に後輩がいうことを信じるようになりました。「もう誰も自分を信じていない」となると、ここで仕事するのも気詰まりだし、ちょうど転職も考えていたところだったので、Eさんは会社を辞めることにしました。

このように、悪いのは加害行為を繰り返している自分ではなく、それによって自分への見方を変えた周囲だと感じ、居づらさに耐えきれなくなり、会社のほうから何かしらの処分がくだされるのを待たずに自分から辞めていきます。本人のなかで「自分のほうから見限った」というストーリーができていて、それによって崩れかかった自尊感情をなんとか守ろうとするのです。ここにも、認知の歪みが見られます。

こうした態度は治療にも影響します。治療のために通いはじめたばかりの患者がクリニックで問題を起こすのはよくあることです。私たちのクリニックにかぎらず、目に余ればスタッフから「治療をお断りします」といわれることがあります。けれど、本人はそれをいわれたくない。治療の場で承認欲求が満たされると思っていたのにその逆で、自尊感情が大きく傷つくからです。ここに至るまでにも、何度もやめようと決意しつつも再発を繰り返しては、周囲から「意志が弱い」「だらしない」「ダメなやつだ」と責められてきた人たちばかりです。やっとたどり着いたクリニックで、出入り禁止といわれるかもしれないと察したら、みずから通院をやめて自分を守ろうとします。「あんなところ、俺のほうからやめてやった」と自分にいい聞かせるためです。

そうして気にかけてくれる目、支えてくれる手をふり払った先に待っているのは、孤立です。「アディクション（依存症）の反対は、コネクション（つながり）である」という言葉があります。どの依存症も周囲とのつながりをみずから断っていきますし、そうして孤立すればするほど自暴自棄になりやすく再発のリスクは高まり、おのずと死に一歩、また一歩と近づいていきます。

先述した私の著書『しくじらない飲み方』の表紙を飾るのは、自身も重度のアルコール依存症だった漫画家の故・吾妻ひでおさんの哀愁漂うイラストです。ひとりでワンカップを飲んでいる姿は、依存症患者は孤立するという現実を見事に表していると思います。

孤立すると、さらに状態が悪くなったときにも支援につながりにくくなり、ひとりぼっちで死んでいくことになります。「底つきは仲間のなかで」とよくいいますが、孤立したなかでの底つきは、イコール「死」につながります。私は、そうした方の葬儀に何度も立ち会いました。そのなかのおひとりは次のような方でした。

60代、Fさん　男性

アルコール依存症治療でクリニックに通院していたFさんは、連続飲酒と短期間の断酒を繰り返す「山型飲酒サイクル」に陥っていました。「山型飲酒サイクル」とは、とことんまで飲んで、体が受け付けなくなるとしばらく断酒し、またとことんまで飲むを繰り返すことです。Ｆさんは周囲からの入院の提案も受け入れず、自宅にこもって飲みつづけていました。連絡が取れずにいたので、通院先の担当スタッフである私が、警察とともに部屋に介入したものの時すでに遅し。夏場だったため、若干腐敗が進んだ状態でＦさんの遺体が発見されました。死因は、心不全でしたが末期の肝硬変でもありました。

後日、生活保護のケースワーカーの方と私も火葬場に立ち会いましたが、親族は誰も現れず無縁仏状態でした。骨になったＦさんの大腿骨を家族の代わりに骨壺に入れるため箸渡しをしようとした瞬間、箸のあいだからパラパラと骨が砕け散りました。骨もアルコールによって弱くなっていたのです。アルコール依存症とは、死んで骨になってもなお、その人の魂まで乗っ取ってしまうんだなと、その時何とも言えない絶望と孤独を感じました。

加害者家族のグループのところでも触れていますが、家族との関係を再構築しつながりを取り戻すことは、再犯防止にもポジティブな影響を与えます。

依存症からの回復には認知の歪みに気づきそれを変容していく努力と、周りとの関係を再構築していくプロセスが不可欠です。

ワーカホリックと性依存

ワーカホリックという性質は、ほかの依存症のトリガーになりやすく、それによって死に近づくということはここまで見てきたとおりです。そしてアルコールや薬物などの物質依存、ＤＶなどの関係依存についてはすでにお話ししてきましたが、性に関わる依存症とワーカホリックにも看過できない相関関係があります。

痴漢に特有の認知の歪みには、「今週も１週間仕事をがんばったから、自分は痴漢しても許される」「これだけ長時間労働をしているのだから痴漢で少しぐらいストレス発散してもいいだろう」というものがあります。痴漢で最も多いのは電車内でのもので、加害者の多くは通勤時を利用して犯行に及びます。つづけているうちにそれだけでは飽き足らなくなり、ターゲットが見つかるまで電車を何往復もしたり、それによって会社に遅刻したりするようになるケースもあります。

彼らにとって痴漢は犯罪行為ではなく、自分へのご褒美のようなものという感覚なので、

「仕事をがんばったから許される」という発想になります。それで痴漢を遂行できたなら「これでもっと仕事をがんばれる」となり、またも仕事に還元されるのです。ワーカホリックになると仕事にどれだけ自分を捧げられるかが重要になってくるので、仕事をがんばるための痴漢というのは彼らのなかでたいへんな正当性を持つことになります。

自著『男が痴漢になる理由』(イースト・プレス)でもデータをもとに触れていますが、痴漢で最も多いタイプは「四大卒の既婚者でサラリーマン」です。彼らの多くは、家では家事や育児にも積極的に関わろうとするタイプで、職場では長時間労働も厭わない従順な労働者です。家でも職場でも、その環境に過剰適応し自己喪失している状態で、自分が何をしたいかと問われると答えに詰まるようなタイプが多いです。しかし、電車のなかでは力や立場が弱い女性(多くは制服を着た女子学生)に対する痴漢という性加害を通して、歪んだ承認欲求が満たされ優越感や達成感を味わえる。これがそもそも彼らが痴漢行為に耽溺する典型的なパターンといえます。

過剰適応で生じたストレスへのコーピングが、日常性の高い満員電車で痴漢行為という形で現れる。絶妙のマッチングが成立している——仕事と痴漢が互いに強化し合う状態はとてもグロテスクですが、こうすることで彼らのなかに残っている罪悪感を簡単に脇に押しやることができるというわけです。

同じく反復される性加害には盗撮がありますが、盗撮加害者たちもまったく同じことをいいます。たとえば、最初は軽い出来心でクラスの女子を隠し撮りしたら、仲間内で「すごいの撮れたな」などと褒められ、次もたまたまうまくいったり、また撮れてしまったりすると、それが〝成功〟体験となってしまうのです。つまり、ホモソーシャルな絆を強化するために女性のモノ化（盗撮データ）が利用されるという構図です。これは大人の社会でもよく見かける光景です。

詳しくは自著『盗撮をやめられない男たち』（扶桑社）に書いていますが、近年、スマートフォンの普及からその検挙件数は激増しており、とくに無音アプリを利用した盗撮加害者が増えています。彼らはゲーム感覚で問題行動に及ぶ者もいれば、生真面目にノルマを重ね、次第に常習化していった、というのもあります。

仕事と性が相互に強化し合うという意味では、セックス依存症も例外ではありません。セックス依存症は不特定多数の相手と危険な性関係を結ぶことだと思われがちですが、性風俗通いがやめられない、不倫をやめられない、強迫的にマスターベーションを繰り返すというのもあてはまります。そうした人の口から「仕事をがんばったから今夜は風俗にいってもいい」「仕事のイライラをマスターベーションでごまかそう」といった言葉を聞く機会は多いです。性風俗通いがやめられなかったある男性は、仕事でいやなことがあるとお店に行ってサービスを受けていました。最初は「これがあるから自分は明日、会社に行く気になれるんだ」と思っていたそうですが、実際には収入を軽く上回る額を性風俗店につぎ込んでいました。あきらかな矛盾がありますが、それでもやめられなかったのです。

彼らの話を総合すると、痴漢や盗撮であれ、逸脱した性行動であれ、つづけていることが自分に何らかの社会的損失や身体的損失、経済的損失をもたらすものだと本人もわかってはいるのだと感じます。それでもどうしても行動化したいという衝動や欲求を制御できないから、そこに正当化しやすい理由として仕事を持ち出すのです。先に見たとおり、「仕事さえしていればほかのことは免責される」という日本社会特有の認知の歪みも、彼らの考えの背後にあり、問題行動を強化させています。

また、痴漢の加害者らには、「まだ目標人数に達していないから、もうひとり触らなければ……」というような、努力目標を達成していくような「認知の歪み」もあります。仕事のノルマをこなすように、1日に○人に痴漢すると自分で決め、それをこなしていくのです。手帳に「正」の字を書いて、人数を記録している加害者もいました。それが犯罪行為でなければ、几帳面な仕事ぶりはきっと評価されるでしょう。

2018年、セックスに持ち込めるナンパの仕方を指南すると謳ったリアルナンパアカデミーという集団に属していた男性らによる、女性への性的暴行が発覚しました。塾長と名乗る男性から授けられたナンパ術をメンバーたちが生真面目に実行する様は、さながらマニュアルどおりに仕事をこなすサラリーマンのようでした。また、参加していた男性同士はナンパの成功(事件化した以外にも性暴力に相当するものが多数含まれていたと想像できます)の数を互いに競い合っていましたが、それもまるで営業成績を競い合うようでした。

仕事をこなすようにセックスをするというのは、傍から見ると楽しくないようですが、本人たちにとっては仲間からの評価を得られ、歪んだ承認欲求が満たされ、自尊感情を著しく刺激されるためやめられなかったというのもあるでしょう。これも人が仕事に依存し、ワーカホリックになっていく過程ととても似ています。

依存症がこれほどまでに仕事との相関関係にあることを鑑み、私は「ワーカホリックという性質はすべての依存症の基礎疾患である」と考えるようになりました。

基礎疾患とは、「ある病気の原因となっている病気」のことです。糖尿病を基礎疾患として脳血管疾患などのさまざまな病気が出てくるように、ワーカホリックであるからこそほかの依存症になってしまった、もしくはそれが強化されてしまったという側面があるように見えてなりません。

いまワーカホリックは、本人にそうだという自覚のないまま、性別、世代を超えて多くの人が陥っている病です。日本全国に蔓延しているといっても、過言ではないでしょう。それはつまり、誰もが依存症になるリスクを抱えているということを意味しています。

＊6 「生活時間の国際比較」『男女共同参画白書 令和2年版』、内閣府男女共同参画局（https://www.gender.go.jp/about_danjo/whitepaper/r02/zentai/html/column/clm_01.html）

＊7 「配偶者等からの暴力の実態」『男女共同参画白書 令和23年版』、内閣府男女共同参画局（https://www.gender.go.jp/about_danjo/whitepaper/h25/zentai/html/honpen/b1_s05_01.html）

＊8 「モノのように扱われた生い立ち 20人に加害した『自己治療』の闇」『朝日新聞デジタル』２０２２年8月3日（https://www.asahi.com/articles/ASQ824F1FQ7MUTIL017.html）

3章

ワーカホリックと性別役割分業

ワーカホリックはすべての依存症の基礎疾患である――つまりワーカホリックという性質が依存症のきっかけになる。そのように考えてきましたが、はたと考えて、やはり男尊女卑的な価値観や、それにともなう性別役割分業に依存しているから、ワーカホリックが日本社会に蔓延するのではないか、そんなふうに思えてきます。

2章でお伝えしたように、私たちは物心ついたときから家庭や学校、メディアをとおしてさまざまなジェンダーバイアスに触れ、成長とともにそれをどんどん内面化します。そして社会に出てからは、毎日のように職場で強化されていきます。男性のそれは〝有害な男性性〟という形で表出し、女性はその構造のなかで常に男性より下位に置かれます。意識してその価値観からの脱却をはからないかぎり、知らないうちに重症化してしまいます。

その構造を考えるときに避けてとおれなかったのが、ワーカホリックの問題です。過労死や過労自殺だけでなく、ほかの依存症のトリガーになりやすく、死につながりかねない危険な病（認定はされていませんが）だということを見てきました。生きていくために働くのに、その仕事で自身の人生を犠牲にしてしまう。本末転倒もいいところですが、そこで歪んだ承認欲求が満たされてしまうため、異常な働き方を簡単にやめることはできません。

これは日本人ひとりひとりの問題であるだけでなく、本質的には社会の構造的な問題です。多くの人が組織に属して働いていますし、近年注目されているフリーランスで働くにしても、組織とまったく関わらずに仕事をすることは不可能でしょう。さまざまな組織からなる日本社会そのものに歪みがあります。

その歪みこそが、男尊女卑依存症です。すべての宿痾《しゅくあ》はここにあるといっても過言ではありません。土台がいびつなら、その上に物を重ねようとしてもうまくいかなかったり、重ねるほど歪みが大きくなったりするものです。

本章では、男尊女卑の価値観が私たちの働き方に、そして生き方にどのように影響していくかを掘り下げます。

男性に履かされた下駄の重さ

「男性は下駄を履かされている」という表現を昨今よく見かけます。私もみずから望むと望まざるとにかかわらず、これまでにいろんな下駄を履いてきたのだと思います。性暴力やＤＶなどの加害者臨床に携わる以前の自分なら、「あなたは下駄を履いていますよ」といわれたら、ムッとしていたでしょう。ズルをしていると指摘されたような、本当はその職業や地位に相応しくないといわれたような、なんとも割り切れない気持ちになるからです。ほかの多くの男性も同様だと思います。

しかし下駄は、本人の承諾のないまま履かされていることがほとんどです。

1章でも触れましたが、2018年、一部の大学の医学部が入学試験の際に女子を一律減点するなどの不正をしていたことが発覚しました。受験生の男性らは、男性というだけで自動的に優位になるシステムのなかに組み込まれていました。企業の新卒採用において「本当は女性応募者のほうが全体的に優秀だけど、男性応募者に下駄を履かせることで、男女をほぼ同数にするか、男性を多くしている」ということもずいぶん以前から証言されていますが、これも応募者の男性らが頼んだわけではないでしょう。受験にしろ就職にしろ、なかには「そんなことしてくれなくてもいい、実力で勝負したい」という男性もいたはずです。本人の与り知らないところで見えない下駄を履かされているということが、社会の暗黙のルールとなっています。

その結果が、男女間の雇用格差であり賃金格差です。さらには、家庭内での家事や育児、介護における負担の格差とも、大きく関係しています。にもかかわらず、「医大に女性が少ないのは、女性のほうが優秀ではないからだ」「女性が出世しないのは、女性が優秀ではないからだ」「女性の大臣がいないのは、器ではないからだ」と思っている男性が少なくないのは、たいへん残念なことです。それとも、彼らには本当に下駄が見えていないだけなのでしょうか?

下駄は、「男性特権」といわれるものに相当します。これは男性であるというだけでほぼ自動的に付与される権力、優位性、恩恵のことをいいます。意識することのないまま与えられたことには気づきにくいものですが、その気づきにくさこそが特権を特権たらしめています。

しかし私は、男性は「気づいていないわけではない」と考えます。実は薄々、自分たちが下駄を履いていることに気づいている。だからこそ、認められない――これも「否認の病」だからではないでしょうか。彼らが「自分は下駄を履いている」という事実を認めたがらないのは、認めたが最後その下駄を失うとどこかで知っているから、と思えてなりません。依存症者が、その対象を手放したくないあまり、自分の依存状態を否認するのと同じです。

依存症からの回復の第一歩は、自分がそのモノや行為に耽溺していてコントロールできなくなっていると認めることです。そうしてはじめて、そのモノや行為を手放せるようになっていくのです。アルコール依存症ならお酒をやめ、ギャンブル依存症ならパチンコ店に行かないようにするのが、基本です。否認は、その妨げとなります。

否認する人ほど、下駄に依存しているということです。手放したくない、だから認めない。ムッとする。自分たちだけが下駄を履いている優位な立場をこれからも維持したいという現れです。もしかすると下駄を失うかもしれないという恐怖感が無意識のうちにあるのかもしれません。

それでも、現在、人々の意識はかなりのスピードで変わっています。1章で取り上げた公の場での森喜朗元首相の「女性がたくさん入っている理事会は時間がかかります」など一連の発言が、彼を東京五輪・パラリンピック大会組織委員会の会長職の辞任に追いやりました。いままでだったらここまで大きな問題にはならなかったに違いありません。

ただし、制度や社会システムのアップデートはまだそれに追いついていません。長いこと男尊女卑の価値観をベースに構築されてきたさまざまな制度や組織が、世界から大きく遅れを取っていることはあきらかですので、今後の変容は十分に期待できます。

大学入試における不平等は、もう繰り返せないでしょう。男性は正規雇用、女性は非正規雇用とその構成比がはっきりしていたのは少し前のことで、いまは男性にも非正規雇用が増えています。

「クオータ制」といって、議員や会社役員などにおける男女の割合を一定比率にする制度を求める声が年々、高まっています。何もしなければ従来どおり男性：女性が9：1になるところを、最初からたとえば男性6：女性4と決めて割りふろうというものです。

これに対して「女性に下駄を履かせるのか」「逆差別だ」という声が、主に男性から高まっています。ムキになればなるほど、強い否認が働いていると、私には見えます。自分たちはこれ以上、いままで受けてきた恩恵を手放したくないという気持ちの表れではないでしょうか。

男尊女卑というと、優位に置かれている男性はラクができる社会だと思われるかもしれません。そんな社会に適応し、女性を踏みつけていることに無自覚なまま、男性優位社会を悠々と生きている人もいるでしょう。けれど、実際に下駄も履いてみると、案外歩きづらく、苦労するものです。まして足に合っていないものだと、立つことすらおぼつかないかもしれません。

ここでいう足に合うとは、「男らしさ」に適応できるという意味です。仕事をし、お金を稼ぎ、出世し、家族を守る人生こそが男らしい。それは裏を返せば、働きつづけなければならない、勝ちつづけなければならない、パワーゲームから降りられない、ということになります。そんな生き方をしたくない男性もたくさんいるでしょう。しかし下駄を履いているかぎりそれ以外の選択肢はありません。

男性とは常に勝者でいなければならない存在ということを如実に表していたのが、２０２１年新春の箱根駅伝でした。強豪校として名高い駒澤大学はラスト10区をスタートしたときに2位。たすきを受け取った段階ではトップとのあいだに開きがあったものの、3年生の選手が快走し、逆転が現実味をおびてきた。そのときに、監督から、「男だろ!」と激が飛びました。

監督は後にインタビューで「『男だろ!』はだいたいポイントのところでしか言わないですね。最後のほうで喝を入れたいときに時々使います」と語っています。勝負が大詰めを迎えて、すでに出し切っている全力をもう一段階しぼり出したいとき、そうすることで勝利がつかめるという手応えを感じたとき、選手の背中を押すためにこのフレーズを使うというのです。発破をかけられた選手も、「監督の『男だろ!』という声が届いて、自分のなかでスイッチが入ったんです」とふり返っています。[*9]

この「男だろ!」はテレビ中継でも流れ、それを見た人たちからさまざまな声があがりました。男性というジェンダーと勝利とを単純に結びつけることへの違和感を訴える声が多かったと記憶しています。私はそこに、時代の変化を感じました。この監督が重要な場面で「男だろ!」というのはこのときはじまったことではなく、2015年に『駅伝・駒澤大はなぜ、あの声でスイッチが入るのか——「男だろ!」で人が動く理由』(ベースボール・マガジン社)という著書を出版しています。きっとこれまでにもテレビでこのフレーズが流れたことはあったでしょう。

しかし、このフレーズが取り沙汰されたのは2021年がはじめてでした。それまでは気にならなかった、社会のなかで当たり前とされてきた「男性＝勝利」のイメージがぐらつきはじめた表れではないでしょうか。

私も学生時代はプロアスリートを目指していましたから、この「男だろ！」にはとても馴染みがあります。選手が「スイッチが入る」と感じ、そこから奮起したのもよくわかります。勝負には精神の状態も大きく左右します。自分は男なんだ、だから勝たなければならないんだという気合が勝利への後押しになります。しかし同時に、「負けたら男ではない」という恐怖心も芽生えます。強迫的な状況に追い込まれるのです。

アスリートは基本的に勝利を、または少しでもいい記録を求めます。そこに男女差はありません。ですが、女性アスリートに「女だろ！」と気合を促す監督なり指導者なりを私は見たことも聞いたこともありません。それは私の個人的な体験が不足しているからではなく、女性というジェンダーが勝利と結びつかないからと見て間違いないでしょう。

男性たるもの常に勝たなければならないという考えは、アスリートの世界だけに存在するものではありません。とても普遍的な考えで、男には生まれたときから強さが求められ、社会におけるあらゆる競争に勝つことを要請されます。裏を返せば、勝利しなければ、あるいは勝利を求めつづけなければ男らしくないとみなされることにもなります。より多くの勝利を手にしたものが敬われ、そうでないものは下に見られる。そして、最初からその競争に加わらないことにされている女性もまた、下に見られるという仕組みです。勝つことにこだわる女性は、「男勝《まさ》り」といって揶揄されます。

生涯を通じて何ごとにも勝ちつづけることができれば、そんな価値観が蔓延する社会でも苦しくないのかもしれませんが、それができるのはごくごくひと握りの人だけでしょう。私たちは生きていれば必ず老いて、社会的に弱い存在になります。強者はいつしか弱者になるのです。明日、何が起きるかもわかりません。「男性＝勝利」の価値観に浸りきっている男性ほど、自分が勝てない存在になったときに苦しむでしょう。

競争を好まない男性や勝利を求めない男性もいます。そんな男性には〝男らしくない〟というレッテルが貼られます。それは、とても生きづらいことです。しかし、勝ちつづけるためにがむしゃらになるのをやめられない男性もまた、知らずしらずのうちに生きづらさを抱えていることに、そろそろ気づいていいはずです。

それが個人のレベルで表れているのが、ワーカホリックの問題だと私は考えます。

最近は、メディアで〝男性学〟という語を見聞きする機会も増え、男性が長らく抱えつづけているにもかかわらずあまり言語化されてこなかったため、「ないこと」にされてきた生きづらさが少しずつ表面化してきています。その生きづらさの核をなしているのが、この「男性は常に強くあり、勝たなければならない」という価値観だと思います。

この「勝つ」にはさまざまな意味があり、幼少期から学生時代までは勉強ができる、スポーツが得意、容姿に恵まれている、背が高い、話術に優れみんなを笑わせる、強いリーダーシップを発揮する……などそれなりに多様ですが、社会人になるとそれは「仕事で成功を収めて、より多くの収入を得る」にほぼ集約されていきます。

日本型雇用の特徴は新卒一括採用、終身雇用、年功序列型賃金を基本としているといわれます。これが崩壊してひさしいとする専門家もいますが、この雇用形態が一般的になったとき、日本のほとんどの職場は男性のものでした。女性の職員はいたとしても、仕事の内容は男性社員をサポートするものに限られていて、結婚や出産を機に退職するのが常識とされていました。終身雇用されるのは、ほぼ男性のみ。ここから、男性たるものいったん就職したら最後、定年までそのレールを走りつづけ、そのなかで成功を収めること、勝ちつづけることが「男性の生き方」であるという価値観が生じ、いまでも多くの人が共有していると感じます。転職することはあっても、仕事をまったくしなくなる想定は、よほどの病気やケガを除いてほとんど考えていないでしょう。

勝つために努力する、弱音を吐かずにひたすら仕事、というのが男性のあるべき姿とされています。そして、働けば働くだけ評価されるという社会においては、誰もがワーカホリックに一歩一歩近づいていくしかないのです。

いまだにつづく男は仕事、女は家庭に

「男性は外で仕事をして成功しつづける」と対になっているのが、「女性は家庭で家事、育児、介護」です。要は、家庭内のケアワークです。妻、母が担う場合、ほとんどは無償です。それは無償労働（アンペイドワーク）ともいわれます。男女それぞれの役割を固定化するジェンダーロールと、それによって割りふられる性別役割分業は、令和の時代にあってもすぐには解消されそうにありません。すでに2章でも触れています。

「『夫は外で働き、妻は家庭を守るべきである』という考え方に関する意識の変化」を調査したデータを見てみましょう。どちらの性も、1979年の調査開始時から「賛成」「どちらかといえば賛成」は徐々に割合を減らし、「反対」「どちらかといえば反対」は逆に割合を増やしています。しかし2016年でも、女性の37%、男性は44・7%が賛成しているという事実に、問題の根深さが表れています。[*10] これでは男性のみがフルタイムで働くこと

を前提とした社会設計が、そう簡単に変わることがないとわかります。

女性の社会進出にともない、産休、育休などの各制度が時間をかけて整えられてはきましたが、いまだに十分とはいえません。妊娠出産によってキャリアを中断されることがない男性の働き方に合わせて構築されている職場では、女性はあきらかに不利です。妊娠、出産は女性にしかできないにしても、子どもが生まれたあとの育児は男性にも可能です。しかし、男性本人が育休を取得するのは簡単ではありません。

2020年5月には少子化社会対策大綱が閣議決定され、企業に対する育休制度周知の義務付けが議論されています。また2023年には岸田内閣が異次元の少子化対策を掲げています。それによって今後、13・4%(2020年)、12・65%(2021年)[*11]という男性育休取得率がどれだけ伸びるかは未知数ですが、現状では多くの女性がワンオペ育児を強いられていると同時に、男性たちはみずから子育てをし、家族と過ごす権利を行使しにくい立場にあります。

そこには男女間の賃金格差、女性の非正規雇用率の高さも影響しています。OECDの発表によると、日本の女性の賃金は男性と比べて約24%少なく、生涯賃金は同じ学歴でも女性と男性で5000万円以上の差が出るそうです。これはともに正規雇用である男女の比較ですから、正規雇用の男性と非正規雇用の女性であれば、差はさらに歴然としたものになります。

育児のために夫婦のどちらかが長期の休暇をとるなら、それは所得が低くて非正規雇用の妻であり、所得が高くて正社員の夫はそのまま働きつづけたほうがいい、と判断するのは致し方ないことです。

男女間の賃金格差をなくし、女性の正規雇用を増やし、妊娠出産によってキャリアを中断せずに働ける社会は、個人の努力によってではなく、企業ごとの努力、そして法整備によって変わっていくべきものです。それと同時に、社会全体にある悪しき風習のようなものも変わらなければなりません。たとえば、先にもお話ししたとおり、仕事と飲酒が結びついた文化です。

2章でも採り上げた〝飲みュニケーション〟は、男性中心の働き方でこそ成り立つものです。子育て中の女性は、めったに参加できないでしょう。本来なら子育て中の男性も同様のはずですが、日本では男性の育児参加率がいまなお低いため、就業後飲みにいくメンバーには既婚男性も父親である男性も含まれています。断って帰宅するのは、なかなかむずかしい。「飲むのも仕事のうち」という文化が、女性に育児を押し付け、男性から育児する機会をますます奪うという悪循環を起こしています。

ある女性は「日中、会議で決まったことが、就業後の飲み会で覆っていた」とこぼしていました。会議には契約社員も含めた女性が複数人いましたが、飲み会の席は正社員の男性だけだったそうです。どこでもそういうことが起きるとは思いませんが、飲んで話すほうが本音がいえるとする古い考えが、こうした形で表れているのでしょう。

２０２１年、内閣広報官の女性が高額接待を受けていたことが発覚しました。彼女は、同職以外にも〝女性初〟となる要職をいくつも歴任してきた、いわゆるエリートです。報道によると、彼女は若者に向けての動画メッセージで、

「イベントやプロジェクトに誘われたら絶対に断らない。飲み会も断らない。出会うチャンスを愚直に広げてほしい」

と呼びかけていたそうです。これを聞けば若者でなくとも、就業時間外の付き合い、しかも飲酒をともなう付き合いで得た人脈が仕事には不可欠である、それができてはじめてこのエリート女性のように出世できると受け取ると思います。この発言が男性によるものならば、それほど取り沙汰されなかったのではないでしょうか。男性による〝飲みュニケーション〟文化は、近年ではちょっと古いと思われはじめてもいますが、まだまだ一般的です。

飲みュニケーションにはメリットがあるように見えますが、長い目で見ると一概にそう

とはいえません。いうまでもなく、日常的に飲酒する人ほどアルコール依存症のリスクは高まります。飲酒の席での失敗や、お酒を飲むことで何かを失う「問題飲酒」が起きてしまうこともあります。飲みすぎて記憶を失った経験がある人は少なくないでしょう。これはブラックアウトといって問題飲酒の代表例です。ほかにも、どれだけ飲んだかわからず気づいたら財布が空になっていたり、転倒してケガをしたり、ひどいことをいって友人を失ったりといったことがあげられます。

飲酒習慣がある人のすべてが問題飲酒を経験するわけではありませんが、「飲酒習慣の進行5段階」のうち、問題飲酒の前段階として日常的に飲む「習慣飲酒」があります。飲酒機会や飲酒量が多いほど問題飲酒に移行しやすくなるというのは、誰もが納得することだと思います。ちなみに、何かあったときにだけ時たま飲むのは「機会飲酒」といいます。

ここではアルコールを例にあげましたが、サービス残業などからなる長時間労働や、いきすぎた感情労働など、日本の職場には何かを麻痺させないと働きつづけられない要素がありすぎます。過酷な働き方は、「これは女性には無理」と女性を排除し、男性をワーカホリックに駆り立てます。排除か、麻痺か。この働き方では誰も幸せになれません。

また、妻子を養ってこそ男だ、という刷り込みもいまだに根強いように感じます。若い世代では薄れつつあっても、親世代や上司から「それが男の甲斐性だ」といわれたことがある人は少なくないと推測されます。

共働き世帯が専業主婦世帯数を上回ったのは1997年のことで、以後、専業主婦世帯は減少の一途をたどり、2019年には共働き世帯の半分ほどになっています。1980年には専業主婦世帯が共働き世帯の1・8倍ほどでしたから、かなりのスピードで変容したといえます。

女性と家庭の有りようが変われば、男性も変わらざるを得ません。しかし、男女共同参画局の調査結果からは厳しい現実が伝わってきます[*12]。

2章では日本の無償労働時間が男性を1とすると女性は5・5とお伝えしました。妻は家庭内の仕事を圧倒的に夫より担っているのです。こまかく見ていくと「家事・育児・介護時間」は共働き世帯でも専業主婦世帯（夫有業・妻無業世帯）でも、圧倒的に妻が担っています。対して、夫の「家事・育児・介護時間」は、妻の就業状況にはほとんど左右されることはありません。一方、共働き世帯のなかの6歳未満の子を持つ夫婦では、妻の「仕事等時間」は4時間〜4時間20分。夫が8時間40分〜9時間前後なので、その約半分です。妻は子育てを理由とした時短勤務やパートタイムでの仕事に就いているということでしょう。子どもの年齢から推察すると、この調査対象は比較的若い夫婦です。ここからも、「男性は外で仕事、女性は家庭で家事、育児、介護」という考えがいまだ根強いということがわかります。

日本の夫婦間の家事・家族ケア分担率は世界ワースト1だという専門家の指摘もあります。[*13] そうさせているもののひとつに、「女性のほうが愛情深い」「女性のほうが家事に長けている」「女性のほうが料理が上手だ」といった言説があります。日本で生活していて、この種のフレーズを耳にしたことのない人はいないでしょう。典型的なジェンダーバイアスですが、何の根拠もないにもかかわらず、これをもってして女性が家庭内でケア役割を担うのが適切であるかのようになっているのが問題です。

女性が働くうえでハンディキャップとなっているのは、職場の構造よりも家庭での家事労働であると感じている人が多いことをあきらかにした調査（「女性の社会活動についての意識調査」リンクトイン・ジャパン）[*14] もあります。日本社会において「どんなときに不当に扱われたと感じたか？」という女性への問い（複数回答可）に対して、最も多かったのは、「家事分担の話し合い中」で33％。次に「職場」30％、「夫・元夫から」が27％と続いています。

同調査では女性の4割以上が「もし自分が男性だったら、今より高いキャリアを築けたはず」と思っていることがわかりました。ここから、女性の管理職が少ないのはけっして女性の能力が男性より低いからではなく、家事・育児・介護といった家庭内でのケア労働がハンディキャップになっているからだとわかります。

女性の社会進出は、男性の家庭進出なくしては成り立たないといわれます。これも働きたい女性のためのみならず、男性を死につながるワーカホリックから守るために必要なことだと私は考えます。とくに子どもが小さいうちは家に帰れば育児が待っていて、のんびりゆっくり余暇の時間を過ごすというわけにはいきませんが、夫婦でそれを分け合うことで双方の負担は軽減できますし、コミュニケーションを取り合うことで、家庭内での孤立化は避けられます。家族を一方的にコントロールしようという気持ちも起きにくくなります。ケア労働に携わることが男性が非暴力を学ぶうえで重要な場面である、ということを前提とすると、ＤＶのリスクが低くなるということにもつながります。

また、家事・育児・介護といった家庭内でのケア労働の負担が女性だけに偏っている状況は、依存症の側面から見ると、女性の依存症リスクを上げることにもつながります。次項はジェンダーと依存症について考えてみます。

依存症は男らしさ、女らしさの病

アディクション臨床では昔から依存症のことを〝男らしさの病〟〝女らしさの病〟と呼んでいます。それぞれの依存症ごとに男女比は必ずといっていいほど、どちらかに偏るからです。ジェンダー役割への過剰適応からくる生きづらさが依存症という形で表れる、と私は考えています。いい換えると、男らしくいなければならない、女らしくいなければならないと思えば思うほど、その呪いから抜けられなくなり、そこからくる苦痛を緩和する目的で、ある物質や行為に耽溺していき、やがて依存症に陥っていくということになります。

たとえば万引き依存症は女性、とくに最近当クリニックでは65歳以上の高齢女性の受診が多い傾向にあります。けれどただ女性に多い、男性に少ないという事実を見るだけでは、この病の本質には迫れません。男女差の背景にあるものを見る必要があります。

自著『万引き依存症』(イースト・プレス)のなかで私は、クリニックで得られたデータをもとにこの病は性別役割分業を抜きにして考えることはできないとあきらかにしました。なかでも万引きと深くかかわっているのが、家計の管理です。食料や日用品の買い出しなど日常的な生活の支出を女性が管理する家庭はいまだに多いでしょう。

そこで女性が気にするのが「節約」です。少しでも出費を抑えたいというのは、誰もが考えることです。節約とは日々の積み重ね。真面目な人ほど、四六時中、頭からお金のことが抜けなくなります。そんなとき、買うつもりだったものを何らかの理由で偶然支払わずにお店を出てしまい、「あっ、これぐらいだったらいいか。節約になる」と気づいてしまったら……。象徴的なケースをひとつ紹介しましょう。

40代、Fさん　女性

「俺たちも早く家を建てないとな」「そのためには、毎日の出費をしっかり引き締めていこう」「頼んだぞ」――夫にそういわれた日から、Fさんの頭から〝節約〟の二文字が消えることはありませんでした。雑誌の節約レシピを熱心に見たり、スーパーやドラッグストアで底値をチェックしたり、できるかぎりのことをしていたある日、買い物かごに入れるべきドレッシングの瓶を無意識に手提げのバッグに入れてしまいました。気づいたのは店舗をあとにしてからのこと。一瞬あわてましたが、そのままもらっておくことにしました。私は毎日、節約をこんなにがんばっているんだから、このぐらい許されるよね。ドレッシング代が浮いたし、これも節約になる……。

以後、Ｆさんはスーパーで買い物をするたび、何かしらの商品を一点バッグに入れ、レジを通さずに店を出ることになりました。しかしほどなくして、その品数は増えていきました。

Ｆさんは、夫が言ったことを深刻に受け止めました。そして日常的にも夫から節約を強要されていました。夫は毎日、妻の財布からレシートを抜き出してチェックし、もっと出費をおさえられたはずだと主張しました。経済的なＤＶです。Ｆさんがいくら節約に努めても、夫は一切認めません。「こんなにがんばっているのに」――そう思いながら、Ｆさんは万引きを繰り返していました。

さらにＦさんの夫には、ギャンブルで作った借金がありました。深刻な額ですが、それでも夫はギャンブルをやめませんでした。Ｆさんが1円単位で切り詰めても、夫は3万円、5万円と平気でギャンブルに使ってしまいます。そのうえ夫の母親の介護、息子の結婚式の準備など、家族関係のタスクがすべてＦさんの肩にのしかかっていました。夫とお金のことで口論になるたびにスーパーでちょっとしたお惣菜を盗む。そうすると心がスッと軽くなることにＦさんは気づいていました。おまけに食費の節約にもつながります。

万引き行為に依存するようになるまで、時間はかかりませんでした。

当クリニックに通う万引き依存症の女性にも「節約したくてはじめた」と語る人は多いですし、『平成26年版 犯罪白書』に収められている調査[*15]でも女性の万引き事犯者の「動機」は29歳以下をのぞいて「節約」が1位です。

万引きは、その人にとって身近な場所で行われます。デパートなどで高級品を万引きする人もいないわけではないですが、それよりもいつも行っているスーパーや最寄りのドラッグストア、書店などで盗む人が圧倒的に多いです。女性にとってスーパーは身近で、毎日のように利用する人も多いでしょう。人はアクセスがものすごく困難なものにはハマりにくいのです。「いつでも、どこでも、すぐできる」から日常化しやすいのです。日本でお酒が低価格かつ、スーパーやコンビニなどで買いやすいことは、アルコール依存症になる人の多さとは無関係でありませんし、パチンコ店が誰でも行きやすいところになければギャンブル依存症の問題で悩む人の数は大きく変わるでしょう。

また「夫が稼いだお金を妻があずかる」という考えは、そのまま家庭内における夫婦間の力関係を表しています。これまで当クリニックで見てきたなかにはFさんのように、節約の強要という形の経済的ＤＶがひとつの要因で、万引き依存症になったケースもあります。共働きで仕事をしながらも家事と子育てをひとりで担い、そのストレスから万引きを繰り返していたワーキングマザーもいます。職場と子どもの保育園、そして家庭を往き来するだけの毎日のなかで、スーパーは唯一の息抜きの場だったといいます。万引きをうまくやりおおせたという〝成功体験〟が、優越感にもつながっていました。万引きする前には緊張が極度に高まり、万引きが成功すればその緊張が一気に緩和する。それが彼女にとっては強烈なストレス・コーピングになり、それを反復することで毎日を乗り切っていました。２章でお話しした「自己治療仮説」の原理原則そのものです。その結果、依存症に陥ってしまうとは悲しい話です。

男性が圧倒的に多いのが、アルコール依存症です。当クリニックに通っている男女の割合は８：２で男性がその大部分を占めています。アルコール依存症治療で知られる独立行政法人国立病院機構久里浜医療センター（神奈川県）によると、２０１３年のアルコール依存症の男女は合計で１０７万人、うち女性は13万人だったといいます。男性が圧倒的に多いとわかります。これはいままで見てきたように、職場等で飲む機会が多いからです。が、同時に、女性はその10年前の１・６倍に増えているという増加率は看過できません。

「キッチンドリンカー」という語がメディアに頻出した時代もありました。主婦がキッチンで食事の支度をしながら飲酒し、それが習慣化してアルコール依存症になる、というものです。こうしたケースが現在もないわけではないでしょうが、けっして大多数を占めるものではありません。そして、問題視された当時も、「主婦が依存症になるほど飲んでしまう」という現象だけを取り沙汰すのではなく、その背景に何があったのかをもっと掘り下げて考える必要があったと思います。

身体が相対的に小さく、アルコールを分解する酵素が少ない傾向にある女性は、男性よりも短期間でアルコール依存症になりやすいです。しかしそれだけでは近年、女性の依存症患者が増えている原因を説明できません。時代が変わっても人体の構造はそうそう変わらないので、社会構造の変化に原因を求めるべきです。

かつては飲酒習慣のある女性は少なく、それは女性がお酒を飲むこと自体へのタブー視があったからです。その風潮が、女性の社会進出とともに薄れていったことを見ると、やはり日本社会では「仕事とお酒」の結びつきが強いのだとわかります。いまでは酒類のテレビCMでも、働く女性が仕事帰りに一杯、というシチュエーションのものが当たり前となっています。一概にはいえないにしても、飲酒の機会が増えるほどアルコール依存症になるリスクも高まります。

自著『しくじらない飲み方』では、久里浜医療センターの岩原千絵医師（現在は白峰クリニック所属）にお話をうかがいました。同センターには全国でもめずらしい、アルコール依存症の女性病棟があります。岩原医師から、女性のアルコールは、家庭内の問題に端を発することが多いという話を聞くことができました。

パートナーがよくお酒を飲む、パートナーからのDVがあるという夫婦間の問題が、アルコール依存症として表出するケースや、介護していた両親、義両親が亡くなる、子どもが自立して家を出ていくといった、喪失体験を機に酒量が増えるというものです。これはほかの依存症にもいえることですが、私が見るかぎり夫との離死別が喪失体験となって依存症に陥る妻は比較的少ないです。男性は逆です。妻との離死別を機に、飲酒量が一気に増えアルコール依存症の泥沼にはまっていくケースをたくさん見てきました。女性の依存症に影響を与えるのは、別れた、死んだ夫よりも、生きている夫のほうです。なんとも皮肉な話だと思います。

一方で最近では、若い女性のアルコール問題の相談も増えています。ママ友の関係をつづけるストレスから依存症に陥って外来を訪れる、というケースもあります。

30代、Gさん　女性

主婦のGさんは、ママ友のコミュニティであるグループLINEからドロップアウトしてしまいました。ママ友からの情報が入ってこないと、どんどん孤立していきます。さらに夫は、30歳前後の世代で忙しく、育児にはほぼ不参加。ワンオペ育児のお母さんの典型的なケースです。夫が仕事で家にいなければ、大人と話す時間がほとんどないため、孤独で、社会との断絶を強く感じてしまいます。出産前は自由に生きてきたのに、出産後は、たとえば観たい映画があっても気軽に映画館に行くことはできないし、友人に突然夜、ふらっと会いに行くこともできない。

母乳で育てる時期が終われば、お酒を飲む習慣がまた戻ってくるため、時期的にもアルコールへの依存が問題化しやすいタイミングでした。Gさんも、最初はご褒美のつもりの缶チューハイ（アルコール度数5％／350㎖）だったのが、ちょっと疲れた日やストレスを強く感じたときにいわゆる〝ストロング系チューハイ〟に手を出すようになり、そのうち毎日それを飲むのが普通になっていきました。自分で決めたルールをみずからどんどん緩めていったのです。

Gさんの場合、お酒を飲む時間を夜寝るまでのあいだに抑えられていればよかったのですが、飲酒時間がどんどん長くなっていったのが問題です。飲酒時間をいつから始めるかという問題は非常に重要です。日中働いている生活パターンの人にとっては、基本的には夜が適正な飲酒開始時間です。しかし、子育て中の母親のなかには、ママ友の集団に会うと緊張するので、その前に緊張を和らげて気分を上げるために、1杯飲んでから行くというケースもあります。集団適応のために飲酒するようになると、今度は朝から、夫が仕事に行ったらすぐ飲み始め、子どもを幼稚園へ送る8時ぐらいまでのあいだに1本飲み終える。それから、幼稚園へ送った後、さらに迎えに行くとき、またママ友に会うので飲む。そうなると、一日中だらだらと飲酒していることになってしまいます。

本人はだめだとわかっているのですが、ストレスや対人緊張を和らげるための対処行動、つまりコーピングとしての飲酒を覚えてしまうと、やめることがむずかしくなります。お酒を飲むことによって、育児のつらさやママ友との付き合いの煩わしさを簡単にまぎらわすことができるからです。本当は、たとえば自分の両親や夫の両親に助けを求めるという選択肢もあるはずなのですが、遠方のためそれができないと、さらに孤立してしまいます。

ママ友という集団は、非常に特殊なコミュニティだと思います。2~3歳から小学校に入るぐらいまでは、親が常に子どもと一緒に同じ空間にいなければならない時間がとても長くなります。そこで、同じ境遇の女性同士が動物の群れのように集うようになります。子どもが幼稚園や保育園を卒園したら離れ離れになりますが、それまでの限られた期間は付き合わざるを得ない。おそらく人によっては特別なコミュニケーション能力が必要となってくるでしょう。もちろんすべてが悪いというわけではなく、相談しあったり、孤立を防ぐ場合もあるとは思いますが。

そのコミュニティでは、たいてい「〇〇ちゃんのお母さん」という呼び方をされ、子どものことをメインで何時間でも話さなければいけない。自分の考えや気持ちを主張することはあまりせず、他人のことにも立ち入らず、相手の気分を害さないように気を遣い、なるべく穏便に付き合う。たとえ自分はママ友がいなくても平気と思っても、そのコミュニティで仲良くできなければ、子どもも同年代の友達との付き合いをすることがむずかしくなってしまいます。「まるで子どもを人質に取られているようだ」という人もいます。

そんななかでも、夫が協力的であれば、まだ抜け道はあるかもしれませんが、夫が非常に忙しい人だと、妻の変化になかなか気づきません。夫が朝早く出勤すれば、2人がゆっくり顔を合わせる時間は休みの日しかなく、週2日休みでも、結局、お酒の問題に気づかれないことが多いのです。妻がごみ出しをしていれば、大量のストロング系チューハイの空き缶があったとしても、夫は目にすることがありません。完璧主義のGさんは、周囲に相談するのが苦手で、ママ友や夫、自分の両親にも育児のストレスについて話すことができませんでした。そして気がついたときには、アルコールの沼にどっぷり浸かっていたのです。

アルコール依存症になったあとにも、男女では差があります。

依存症患者は、自分が依存症であることを否認するので、自発的に病院にくることはほとんどなく、だいたいは家族をはじめとする周囲の人にともなわれての初診となります。大黒柱、という言葉はいまの時代にそぐわないものですが、家庭内で一番の稼ぎ手である夫がアルコール依存症になると、家庭全体の死活問題です。家族はなんとかしなければと思い、医療機関につながり積極的に治療をしてもらおうと働きかけます。妻は家族会に通い、夫への対応やアルコール依存症について熱心に学んでいきます。

私たちのクリニックでも、妻にともなわれて来院する男性は多いです。依存症からの回復において家族の理解、サポートはとても大きな役割を果たします。通院する夫を支える妻はとても献身的で、私からすれば自己犠牲的と思える例も多々あります。それは周囲では美談として語られるようです。

しかし、妻がアルコール依存症になった場合には、そこまでの支えが見られない傾向にあります。先述の岩原医師の話によると、女性は家庭内で介護や育児といった役割に従事していることが多いため、病院にくるのがむずかしいとのことでした。アルコール依存症の外来治療プログラムであるデイナイトケアでは、その名のとおり朝から夜までをクリニックで過ごし、さまざまなプログラムに取り組みます。これまで仕事で終日家をあけていた男性は、その時間をそのまま治療にあてられますが、終日家のことを引き受けていた女性は家をあけられないということです。こうした家事労働には休日がなく、外で仕事をしている男性パートナーが、それを全面的に代わるというのも現実的に不可能でしょう。このように考えると依存症の治療構造も、主に男性向きに設計されているという事実に気づかされます。

男性は外で仕事、女性は家で家事と子育てと、介護。性別役割分業が、アルコール依存症からの回復における差となって表れているのではないでしょうか。

また、女性のアルコール依存症は「家の恥」として隠される傾向があり、治療の妨げとなることもあります。それは、妻でも娘でも母でも同じことです。ここには、「女性が酒を飲みすぎるのは、はしたない」「それで依存症になるなんてもってのほか」という意識があり、飲酒しての問題行動が免責されやすい男性との差はあきらかです。妻のアルコール依存症にふり回される夫が犠牲者と見なされることもあり、美談とはほど遠いといえます。

らしさへの過剰適応

ギャンブル依存症の男女比はどうでしょう。厚生労働省が2014年に行った調査によると、国内のギャンブル依存症患者は536万人でした。同調査では、男女の割合もあきらかにしています。その内訳は、男性438万人（成人男性の8・7％）、女性98万人（成人女性の1・8％）と、男女差が歴然としています。なぜそうなるかを考えるうえで依存症になったきっかけは非常に重要ですが、私が知るかぎり、ギャンブルとジェンダーについての専門的な研究はまだほとんどなされておらず、これからが待たれるところです。しかしこれだけ圧倒的に男性が多いということは、そこに過剰適応する要因が男性にはあると考えられます。

そのひとつが、〝勝つこと〟です。ギャンブルの結果は、よく勝ち負けで表現されます。仕事でも勉強でもスポーツでも、勝てる男性だけが社会から評価されることはすでにお話ししたとおりです。私はこれまでギャンブル依存症の人たちと接してきて、彼らのなかにもこの価値観があると感じています。負けたくないのです。「ギャンブルで負けたぶんを、ギャンブルで取り返そう」というギャンブラー特有の、とても強迫的な思考がありますが、これに陥るのは男性のほうが多いといっていいでしょう。

また、借金に対する価値観も男女では差があるように感じます。彼らの口から出てくる「借金してまでギャンブルする俺は男らしい」「借金というリスクを背負ってこそ男だ」「借金は男の甲斐性」という言葉には、あきらかに認知の歪みが表れていますが、それと同時に男らしさへのとらわれも見てとれます。男性というジェンダーを借金のリスクとその先にある（と思い込んでいる）勝利に結びつける価値観、そうまでして負けたくないという価値観。これが、ギャンブルにおいて男性の依存症患者が圧倒的に多い理由のひとつではないかと私は考えています。

一方で、数としては少ないながらも女性の依存症患者には、女性特有の背景があると指摘されています。それゆえに、女性だけが参加できる回復プログラムを提供する団体もあります。そのひとつである「ヌジュミ」のＨＰには、女性の場合、男性と比べるとパチンコなどギャンブルができる場にアクセスする年齢が遅いわりに、習慣になってから病的になるまでの過程が早いとあります。そして見逃せないのが、「依存症となった背景には、しばしば女性であるが故の生きにくさの問題があります」と明記されていることです。一部、抜粋しましょう。

例えば、現在の我が国で母子家庭の人生を貫こうとする若い女性が生活の困難さ、危うさから、こころが満たされていない感じ、漠然とした欠落感などで、「いつも受け入れてくれ、面白さと興奮と勝利感を与えてくれる」パチンコを必要としていくというケースがあります。

実際、男女の混合グループで回復できる人もいれば、女性専用グループだからこそ救える人もいます。女性どうしのグループのほうが安心して自己開示ができるからです。内省を深めていくとき、過去に女性として、男性から受けた苦々しい性被害体験が下敷きになって、アディクションを必要とした女性も多数いるのではないでしょうか。

女性のアルコール依存症や万引き依存症を考えるとき、女性が家庭において担っているケア役割を抜きにして語ることはできませんが、ギャンブル依存症においても同じことがいえるということです。

ここでのキーワードは「コントロール」です。

育児にしても介護にしても、その他家事全般においても、基本は自分以外の人のためにやっていることなので、何もかも思いどおりにはなりません。自分が考えたとおりに物ごとが進むほうが少ないでしょう。数値目標や成果物もないため、一般的な仕事と比べて達成感が得られにくいものでもあります。その点、ギャンブルでは２０００円を賭けて10万円くらいの儲けになると、自分の力でそうなったという、たしかな手応えがあります。それは錯覚に過ぎないのですが、「自分でコントロールできている」という感覚に酔うのです。

実際にはギャンブルは、種類を選ばず、賭ける側がコントロールできるものではありません。にもかかわらずこうして現実検討能力が大きく揺らいでしまうのは、その人の自尊感情が低いからこそです。自分は何もできない人間だ、無力だ、死にたい、消えたい、なくなりたい……と思っているときに大勝ちしたときの高揚感を想像してみてください。依存症はその対象を問わず、自尊感情が欠如している人ほど陥りやすいことは、先にお話ししたとおりです。いずれにしても依存症はジェンダーの病なのです。

男性は仕事（ワーカホリック）とともに依存症に陥りやすくなる。
女性は家庭内のケア労働とともに依存症に陥りやすくなる。

どちらも、社会から要請される「男らしさ」「女らしさ」に過剰適応した結果としての、依存症と見ることができます。依存症からの回復には「なぜその対象に依存するようになったか」を考える必要があることは先にも書きました。そこにはどのように生きてきたかが反映されますが、男性の場合は「仕事をして成功（勝利）しつづける」、女性の場合は「家庭でのケア役割をしつづける」という、まさにジェンダーバイアスが関係していることがよくわかります。男尊女卑の価値観が蔓延している社会ではバイアスがより強固なものとなります。

ワーカホリックがさまざまな依存症の基礎疾患であるのなら、男尊女卑の価値観はその基礎疾患のリスクを高める、生活習慣のようなものと見ることができます。その生活習慣がなければ、ワーカホリックにも依存症にもならずに済んだかもしれないのです。

なんの病気であれ、ならないほうがいいに決まっています。あらゆる死につながる依存症であれば、なおさらです。

臨床の現場で会う依存症患者たちのなかには「依存症になってよかった」という人もいますが、それは回復の過程でそれまで見失っていたいろんなことに気づいたからいえる結果論であって、いまだ回復が軌道に乗っていない人はそう思いませんし、依存症になることなく大事なことに気づけたならそれに越したことはありません。

男尊女卑的な価値観を一度リセットし、男女そしてすべての性が対等であるという社会に変容した先には、男性がワーカホリックに追いやられることがなくなり、ケア労働をひとりで担う女性が何かに依存することもなくなります。

ただの理想論でしかないように思われるかもしれませんが、依存症を専門フィールドとする者として、増えつづける依存症患者ひとりひとりの回復をサポートしていくだけでは限界があると感じます。依存症患者を続々と生み出す社会構造へのソーシャルアクションが必要です。ワーカホリック、そして男尊女卑という宿痾にメスを入れていかなければ、日本社会はどうにもならないところまで来ているのです。

＊9　酒井政人「『男だろ！』無名選手を開花させ逆転優勝した駒大監督のすごい〝檄力〟」『プレジデントオンライン』2021年1月11日（https://president.jp/articles/-/42264）

＊10「『家事・育児・介護』と『仕事』のバランス～個人は、家庭は、社会はどう向き合っていくか」『共同参画 令和2年版』内閣府男女共同参画局（https://www.gender.go.jp/public/kyodosankaku/2020/202009/202009_02.html）

＊11「男性の育児等家庭的責任に関する意識調査2020」連合（日本労働組合総連合会）（https://www.jtuc-rengo.or.jp/info/chousa/data/20201116.pdf）

「令和3年度雇用均等基本調査」厚生労働省、2021年(https://www.mhlw.go.jp/toukei/list/dl/71-r03/07.pdf)

＊12「夫婦の家事・育児・介護時間と仕事等時間の推移」『男女共同参画白書 令和2年版』(https://www.gender.go.jp/about_danjo/whitepaper/r02/zentai/html/zuhyo/zuhyo01-00-02.html)

＊13　舞田敏彦「日本は世界一『夫が家事をしない』国」『ニューズウィーク』２０１６年３月１日（https://www.newsweekjapan.jp/stories/world/2016/03/post-4607_1.php）

＊14　「女性４割『もし私が男性だったら高キャリアに』と自信。男女不平等なのは職場より『家庭』」『ビジネスインサイダー』２０２０年11月５日（https://www.businessinsider.jp/post-223459）

＊15　「前科のない万引き事犯者　動機・背景事情」『平成26年版　犯罪白書』（https://hakusyo1.moj.go.jp/jp/61/nfm/images/full/h6-4-4-1-11.jpg）

4章

「男らしさの病」と男尊女卑依存症社会への処方箋

ここからは男尊女卑依存症から回復するための処方箋について、お話しします。主に、男性に向けての内容です。つまり男性が男らしさのとらわれから抜け出すためにはどうしたらいいのか、ということについてお話しします。

男尊女卑は社会構造の基盤になっている価値観ですから、日本社会がこれを捨て去りアップデートするには、法や制度の変革が必須です。そうしたハードとともに変わらなければならないのがソフトです。ここでは長らく男らしさにとらわれてきた男性ひとりひとりの変容を意味します。両方の変化が車の両輪となってはじめて、日本社会はこの病からの回復への道を歩んでいけます。

その道のスタート地点は、「この価値観に依存したままではいられない」と問題意識を持つところにあります。本書はここまで、男性が男らしさにとらわれていることで生じる、自他への有害な事象について書いてきました。そこから回復することは、社会のためである以前に、自分自身のためだと考えてほしいのです。なぜなら、依存症を放置したままでは、よりよい人生を望めないからです。

シラフで生きること

では、男性個人の変容における具体的な方策とは、どのようなものになるでしょうか。私は、各種依存症から回復するためのアプローチを応用するのが最善だと考えています。現在、世界中で依存症に関する研究が進み、回復への道筋もあきらかになってきました。対象となるモノ・行為ごとに違いはありますが、大きな共通点があります。

依存症は、「完治する＝脳の機能が元に戻る」ことがない病です。アルコール依存症で回復を続け10年以上お酒を飲まずにこられた人が、ある日1杯の酒に手を出し、1杯が2杯に、2杯が3杯に……と、またアルコールに耽溺する日々に逆戻りすることがあります。脳の機能が元に戻ることがないので常に逆戻りする可能性がある、それがこの病の恐ろしいところです。

しかし元どおりの自分にはなれなくても、やめつづけることは可能です。自分はもう大丈夫と過信することなく、やめつづける日々を1日、また1日と更新していくことで、行動が変わり、そして思考が変わり、次に習慣が変わり、やがて生き方が変わります。

男らしさに過剰適応し、男尊女卑の価値観に依存してしまう病も、小さな積み重ねによってしか回復できないでしょう。

アルコール依存症の臨床現場で、「シラフ（またはクリーン）」といわれる状態がありま す。一般でも、お酒を飲んで酔っ払っていない状態のことをそういいますが、ここではさらに広い意味で、アルコールを使うことなく人間関係を築けたり、人の痛みを受け入れたり、何かに取り組んだりできるようになることを指しています。飲んでいない期間がつづいても、飲んで問題行動を起こしていたときと行動や他者への態度、思考パターンが変わらない人がいます。これは「飲まない酔っ払い（ドライドランク）」といわれる状態で、本当の意味でのシラフには当たりません。ですがアルコール依存症だけでなく、薬物でもギャンブルでも万引きでもセックスでも、対象に耽溺することなく自分の人生を歩めているなら、それはシラフであるといい表します。

これをワーカホリックに当てはめると、どうでしょうか。たとえ仕事は忙しくても、自分の居場所があり、家族や友人、知人と仕事を介さずに関係を築け、その人たちとコミュニケーションが取れていれば、それはシラフといえるでしょう。仕事に酔うよりも楽しめる、趣味や時間の過ごし方も大事です。ただ、これはいまの日本社会にあって、いうはやすく行うはむずかしいことかもしれません。私も自身の仕事への耽溺に長年気づかずにきましたから、そのことをよくわかっています。

では、男尊女卑依存症におけるシラフの状態とは？　勝つこと、人より優位に立つことへのこだわりから解放され、自分の弱さを受け入れ認めることができれば、そういっていいと考えます。男らしさにとらわれなくなり、男らしさのなかでも有害といわれるものを手放せる。この状態を長く保てていれば、ワーカホリックになることもなく、加害性が暴走して身近な人を踏みつけることもなく、あらゆる人とフラットに付き合えるでしょう。

依存症は死につながる病ですので、そこから回復することは自分の人生を生き直すことを意味します。損失があるにもかかわらず何かに耽溺していたときよりも、よりよい人生が拓けます。ひとりひとりの男性がこれからの人生を健全に生きていくためにも、生き方の回復は不可欠です。依存症臨床の現場では、回復するにつれ表情や話し方、歩く姿勢までがあきらかに変わり、同一人物とは思えなくなるほどの変化を遂げる、まさに生まれ変わったかのような患者も珍しくありません。その顔つきからは自信と充実がうかがえます。

自分ひとりだけで依存症から回復できる人はいません。依存症とは人のなかで病んでいき、人のなかだからこそ回復していく病です。また、依存症は孤独の病ともいわれます。クリニックには家族をはじめとする身近な人に説得されて動機付けが低くともとりあえず通院するようになった人が多いことからも、本当の意味で孤立している人は回復のきっかけをつかむことすらもむずかしいのが現実だとわかります。アルコール依存症は110万人（2023年）ともいわれていますが、そのうち専門治療や回復施設につながっている人は全体の5％に過ぎません。そのほかの人は、内科の入退院を繰り返しながら、または自宅にて孤独に死んでいくケースも多いでしょう。

回復への一歩を踏み出して以降は、たくさんの「飲まない仲間」と関わることになります。自助グループへの参加も欠かせません。そこで同じ病を抱えた人たちと出会い、たくさんの時間をわかちあいます。関われば関わるほど、酒ではなく仲間が必要であることを実感します。そして、徐々に回復も軌道に乗ってきます。

たったそれだけ？　と思われるかもしれません。説明を受けて拍子抜けしたような顔をする患者もいます。「そんな簡単なことで、この依存症が治るものか」と思うようです。

そこで、アルコール依存症の自助グループである「アルコホーリクス・アノニマス（AA）」の起源を紹介しましょう。アメリカのオハイオ州アクロンでふたりのアルコール依存症者が出会い、話をしていたときに「自分のことを話し、相手の話を聞いているあいだは、お酒のことを考えていない」という発見からはじまった、といわれています。それまでふたりは、自分自身のお酒の問題については話をしてこなかったのです。ほかのアルコール依存症者も同様でした。まったく口を開かないわけではなく、武勇伝や酒での自慢話はしたでしょう。しかし、自身が抱えている見たくない、麻痺させたい生きづらさに関わることについては、つまり「弱い話」には口をつぐんできたのです。

自助グループではただ話すだけでなく、「正直に話す」ことが重視されていて、これが自助グループの神髄とも言えます。私もAAに参加したときに「あなたの弱い話が聞きたい」と促されたことがあります。嘘をつかないのは大前提ですが、それ以外にも自分を大きく、強く、立派に見せようとする話を仲間は求めていません。恥ずかしいところ、弱いところ、情けないところを含め、自分のありのままを話して、分かち合う場です。そこに、勝ち負けはありません。弱い者を踏みにじってみずからの優位性を確認する必要もありません。等身大の自分をさらけ出し受け入れてもらい、他者も同様に受け入れる。お互いに承認し合う場なのです。

自助グループはアルコールならアルコール、薬物なら薬物と、同じ依存症を抱える人同士で集うことに意味があります。この本で取り上げてきたワーカホリックですが、自助グループは国内でもほとんど例がなく（1件のみ確認しています）、男尊女卑への依存については ゼロと断言できます。どちらも現在のところ精神疾患であると認められていないので当然といえば当然なのですが、私はこのふたつの依存症にこそ、自助グループというアプローチがとても有効なのではないかと考えています。男性が、自分の話をする。thinkではなく、feelでもって言葉にしていく。そうしたワークを重ねていくうちに、男らしさへのとらわれから解放されていくのではないか――。

私がこう考えるのは、アルコールをはじめとしたさまざまな依存症から回復していく人たちを見ていると、どんどん「らしさ」へのとらわれがなくなっていくのがわかるからです。依存症の背景には「らしさ」への過剰適応があります。そこに適応しなくともよいとなれば、彼らのなかで対象のモノや行為に自分を見失うまで依存する理由もまた、なくなっていくのです。

感情をみつめる

その前にthinkとfeelについて語ってみます。臨床の現場でよくこのthinkとfeelについて考えることがあるからです。

2023年に被害者遺族と加害者遺族の対話をテーマにした『対峙』という映画が公開されました。アメリカの映画で実話をベースにしており、高校での銃乱射事件の被害者の両親と、自殺をした犯人の両親が、ひとつの部屋で対峙するという映画です。

被害者遺族と加害者遺族、立場は正反対といえるのに、お父さんたち、つまり男性は起きた出来事を論理的に、客観的に捉えようとしている。なぜ事件が起きたのかということを、いろいろな論文とか研究データを集めるなどして「理解」しようとする態度が共通していました。これに対してお母さんたちの場合はそうではない。被害者である、あるいは加害者である自分の子どもと一緒に過ごしたときの思い出とか、そのときに感じていた感情とか、失ったことが本当に悲しいということを、客観的にではなくて主観的に捉え、「感じ」て、涙ながらに語る。男女が実に対照的でした。

私はよく講演などでもいうのですが、男性はthinkの思考が強く、女性はfeel、つまり感情をしっかりと表に出すことができる。

たとえば男性の依存症患者は、DVの加害者も含みますが、この映画のお父さんたちと同じように、thinkの思考パターンが強く、なかなか感情を表出できないところがあります。生育過程のなかで「男らしさ」を期待され刷り込まれていて、どうしても「感じるfeel」ということを麻痺させざるをえなかったのではないかと思います。

もうひとつ例をあげると、アルコール依存症の臨床現場で、一部の人にあまりにもfeelがない、あるいは育っていないという感触があります。

もちろんそういう人にも、怒りや悔しさといったいろいろな感情はあります。しかし、それを感じちゃいけない、それを感じるのは「男らしくない」と思っている気配が伝わってきます。どれだけ「ないこと」にしても、感情というのは絶対に存在しているので、それを感じないために何らかのアディクションに耽溺するという構造があるように思います。

回復のためのガイドライン

もう一度、回復に話を戻します。男尊女卑依存症から回復するため、私は日本の男性たちに、男性同士で「対話」をすることを提案したいと思います。対話とは他者を理解するためのプロセスを指しています。

そのモデルが男らしさへのとらわれから抜け出すための、自助グループにあると考えています。

「男同士での話なんて、会社帰りの飲み会でいつもやっているよ」と思われるかもしれませんが、それとはまったく違います。そんなときは仕事や会社での人間関係といった話題が多いでしょう。最も大きな共通項だからです。そうではなくて、自分の話をしてほしいのです。あえて「自分を大きく、強く、立派に見せようとしない」というルールに則って、自分の来し方と現在、何を感じ、何が苦しくて、何を求めるか、すなわちfeelを探り、言語化します。お酒は、いりません。シラフで話をしましょう。

いきなり話せといわれてもできないのは、依存症患者も同じです。はじめて自助グループに参加してみたけどひと言も話せずに帰り、その次も、そのまた次も……ということを繰り返し、徐々に話せるようになっていきます。回復の道は、速く進まなくていいのです。一歩一歩を踏みしめるようにして歩いていきます。

そして、依存症の自助グループには「回復のガイドライン」のようなものがあり、それにそって話す内容も概ね決まっています。「12のステップ」として知られるもので、アメリカで産声をあげたＡＡからはじまり、現在は世界中の自助グループで普遍化し活用されています。

①私たちはアルコールに対し無力であり、思い通りに生きていけなくなっていたことを認めた。
②自分を超えた大きな力が、私たちを健康な心に戻してくれると信じるようになった。
③私たちの意志と生きかたを、自分なりに理解した神の配慮にゆだねる決心をした。
④恐れずに、徹底して、自分自身の棚卸しを行い、それを表に作った。

⑤神に対し、自分に対し、そしてもうひとりの人に対して、自分の過ちの本質をありのままに認めた。
⑥こうした性格上の欠点全部を、神に取り除いてもらう準備がすべて整った。
⑦私たちの短所を取り除いてくださいと、謙虚に神に求めた。
⑧私たちが傷つけたすべての人の表を作り、その人たち全員に進んで埋め合わせをしようとする気持ちになった。
⑨その人たちやほかの人を傷つけない限り、機会あるたびに、その人たちに直接埋め合わせをした。
⑩自分自身の棚卸しを続け、間違ったときは直ちにそれを認めた。
⑪祈りと黙想を通して、自分なりに理解した神との意識的な触れ合いを深め、神の意志を知ることと、それを実践する力だけを求めた。
⑫これらのステップを経た結果、私たちは霊的に目覚め、このメッセージをアルコホーリクに伝え、そして私たちのすべてのことにこの原理を実行しようと努力した。
（ＡＡ日本ゼネラルサービスＨＰ）[*16]

私はこれを、男らしさのとらわれから抜け出すのにも応用できると考えています。

けれど、はじめてこのステップをご覧になった方は、「神」「大きな力」「霊的」といった言葉が気になるようです。これは、AAは発祥したときから教会で行われていたことと関係しています。キリスト教と密接に関わるところからスタートし、日本でも表現の多くはそのまま採用しています。キリスト教徒でなくとも、AAに参加していると理屈では説明できない、霊的（スピリチュアル）な体験をすることがあるといわれています。もうこのままいくと死ぬだろうなと思っていた重症の依存症患者が、あるときを境に急激に回復したり、偶然が幾度も重なって生まれ変わったように回復が軌道に乗ってきたり、奇跡のような体験をとおしてAAのもつ力に多くの人が魅了されていきます。

AAがはじまった1930年代、医療ではアルコール依存症に太刀打ちできないと考えられていました。薬を服用しても、酒を一切禁止しても、また飲んでしまう。これでは、治療をする側にも、治療を受ける側にも絶望があったのではないかと想像できます。しかしAAで同じ病を持つ人と集まって正直な話をしていると、気づけば飲みたいという欲求が消えていく……科学とは対極にある、スピリチュアルな何かを感じてもおかしくはありません。

しかし宗教が身近ではない日本では、宗教的、霊的な世界観に抵抗があって、AAに通わなくなってしまう人がいるのも事実です。私もこれまで必ずといっていいほど、通院している患者に自助グループの素晴らしさを伝え、つながれるような橋渡しをしてきましたが、食わず嫌いで行かない人もいれば、数回行ってやめる人もいます。数回行ってやめる人の多くの理由は「宗教的な雰囲気」への抵抗感、忌避感です。

また、ＡＡやその他の自助グループにおいては、この12のステップが採用されていますが、どの依存症もこれに則って行われるわけではありません。たとえば、摂食障害の自助グループであるＮＡＢＡ(Nippon Anorexia Bulimia Association)は独自の回復のステップを持っています。

当クリニックでは、痴漢などの性暴力やＤＶといった嗜癖行動の側面がある問題の再発防止プログラムには、12のステップを使わないことが多いです。それは、背景に必ず被害者が存在するからです。ステップは①「私たちはアルコール（依存している対象）に対し無力であり、思い通りに生きていけなくなっていたことを認めた」というところからはじまりますが、人を傷つけておきながら「自分ではどうしようもできなかったのだ」と認めてしまっては、加害行為への責任を放棄することにつながりかねない、と加害者臨床の現場では考えられています。大きな力や神を持ち出されたところで、被害を受けた側は救われないどころか苦々しく思うでしょう。

それと同様に、男らしさのとらわれからつながるワーカホリックや男尊女卑依存症にも加害者臨床の視点をとり入れてみたいと思います。そして、そこから抜け出すアプローチとして12のステップを応用させるとき、宗教的、霊的な要素は取り除くことにします。これまで周囲の人を踏みにじってきた行為の土台には、社会構造によってそうさせられてきる部分がありました。しかしそれでも、ひとりひとりが選択してきた行為に違いありません。であれば、変容の過程も自分で選び、行動していかなければなりません。無力を認め、神や大きな力によって変容させてもらうのは他力本願であり、自分がしてきたことへの責任を取ろうとしていない姿勢につながります。回復は主体的に取り組むことが重要です。

まずは12のステップに取り組む前に、「キーパーソン」を設定します。文字どおり、回復の鍵をにぎる人物です。家族など身近な人がなることが多く、回復の道を伴走してくれる人と言い換えることもできます。キーパーソンになるには条件があります。

・これまでその依存症により、誰にどんな迷惑をかけてきたのか知っている人
・再発リスクが高まったときに正直に助けを求められる人
・トリガーにならない人

以上三点にあてはまれば家族でなくとも、友人、会社の上司や同僚など関係性は問いません。男らしさに過剰適応したことで人を踏みにじってきたことを最もよく知るのはだいたいの場合、妻や母など身近にいる女性でしょう。本人が認識していない被害も把握しているであろう点では適任といえますが、男としての優位性を確認するため最も踏みにじられた人たちである可能性も高いです。ほかの依存症でも、妻や母といった女性の家族が一番の犠牲者であることが多いです。

だからといってキーパーソンになれないということはありません。ともに回復の道を歩むことで、その相手との関係性を見つめ直し、再構築することはできます。依存症でばらばらになった家族が、回復によって新たな関係性を築いていく、という例は少なくありません。

これまで迷惑をかけてきた相手だけに、人を踏みにじりたいという欲求が高まったときに打ち明けにくいというのはあるかもしれません。けれど裏を返せば、そこを乗り越えて正直になれたとき、回復に希望が持てるようにも思います。絶望を分かち合うことではじめて希望が生まれるのです。

ここからは、12のステップをアレンジした、男らしさへのとらわれから抜け出す具体的な方法を提案していきます。

① 男尊女卑の価値観に依存していることを認め、男らしさへのとらわれを手放すことを決めた。

本書ではこれまでに、依存症は「否認の病」だとお話ししてきました。認めないのは、自分を正当化し、対象への依存行為を今後も継続していきたいからです。それは裏を返せば、認めることから回復がはじまるということになります。動機付けを大切にした治療のなかでは、否認の状態を「変化の準備が整っていない段階」「やめたい、もしくはやめたくないという両価的な感情を行ったり来たりしている状態」と表現します。依存症からの回復の現場では、こうした独特の言葉遣いをすることがあります。

これまでの人生、他人より優位でいようと努力してきた。しかしうまくいかず、歪んだ承認欲求が大きくなるばかりで、自分より弱い立場にいる人を傷つけ、自分自身をも傷つけてきた――結局、思いどおりの生き方ができなくなったのだと認めることは、多くの男性にとってはもしかすると敗北を認めることに近いのかもしれません。男なのだから敗けてはいけないという呪いに長いあいだとらわれてきたとなれば、それを認めるのは容易なことではありません。変化にはそれに備えて準備が必要です。

これはどの依存症にとっても同じことです。アルコールでいうなら、それまで自分はお酒をコントロールできていると思っていた。でも焼酎をワインに変え、ワインをチューハイに変えるなどいろんな試みをしてきたけど、結局はコントロールできなかった。現実は逆で、自分がお酒に支配されていた……これもまた敗北です。

勝ちつづけなければいけないと信じていたことに対して負けを認める。逆説的ではありますが、これができてはじめて、「変化の準備が整った」といえます。

② 男らしさの呪いから解放され、健康な心に戻れると信じるようになった。

①と似ていますが、ここでは「信じる」がポイントです。

自助グループでは「認めて、信じて、お任せ」というフレーズを頻繁に耳にします。これが12のステップの基礎にあり、それぞれステップ①〜③に相当します。基礎がしっかりできていないと、④以降のステップに進むことはできません。そういう意味では、これは回復の「型」になってきます。

ＡＡでも、その他の依存症の自助グループでも、ただ対象のモノや行為をやめるだけが目的ではありません。人が依存症になるのにはさまざまな理由があります。数々の逆境体験から自尊感情が著しく低下していたり、喪失体験を通して孤独を感じていたり、見捨てられるのではないかと不安になったり、それでいて人を信じられなかったり……。生きづらさが原因ならそれを取り除けばいいと思われるかもしれませんが、必ずしもそんな単純な話ではありません。たとえば子どものころに受けた虐待経験は、いまから変えることができません。それでも、いまを生きるなかでつらさに耐えかねたときに、アルコールや薬物、ギャンブルに手を出す――この部分は避けることができます。

男らしさでいうなら、自尊感情が低下した原因はどうにもできないことであっても、弱い立場の人を踏みつけるのは避けることができます。自分でその揺らぎを受け入れるのです。私は不安になり自尊感情が揺らぎそうになったときに「不安なままで安心しなさい」と心のなかで唱えることがあります。依存症当事者であれば、後ほど紹介する「平安の祈り」を唱える人もいるでしょう。不安をどうにかしようとしなくても自分は大丈夫だ、と受け入れる。そうやって男らしさへのとらわれから解放されていくことで、新たに手に入れられるのが、健康な心です。

依存症の人は「どうせまた飲んでしまう」「俺は意志の弱い人間だ」と自分を信じること

ができなくなっています。何度も裏切られた経験から、他者のことも信じることができません。自助グループでは、多くのターニングポイントを経て底つき体験から回復し、対象物に依存しない日々を積み重ねている〝先ゆく仲間〟がいます。自分もそうなれるのだと信じる、そんなつながりのなかで出会ったロールモデルが回復には必要です。

③ 私たちの意志と生き方における問題を、自分だけで抱えこまない決心をした。

男らしさにとらわれている人は、ヘルプを出すのがとても苦手だということを、私自身の体験をもまじえてお話ししました。人に助けを求めるときには、自分ができないこと、困っていること、もしかすると恥ずかしいことを、相手に伝える必要があります。依存症に陥る人たちの多くは、過去の逆境体験から自尊感情がとても傷ついているので、「自分なんかが助けを求めるべきではない」「嫌われたらどうしよう」と強迫的に思い込んでもいます。こんなこともできないダメな人間だと思われるのを避けたい気持ちもあります。

しかし先述したように、ひとりでは回復できないのが依存症です。孤立して問題を自分だけで抱え込むと、孤立は一層深まる……そんな悪循環に陥ると、回復はとても困難になります。弱い部分があることも、それを人に知られることも、恥ずかしいことではないと体験的に理解する。過去が価値に変わる。これは依存症からの回復においてとても重要ですし、男らしさへのとらわれを手放すには必須ともいえます。自分だけではどうしようもないところまできている。だったら人を頼ってみよう、任せてみよう。何も最初から自分にとっての重大事をすべて明かして任せなくてもいいのです。ちょっとしたことを教えてもらうなど、些細なところからはじめます。私も新人ソーシャルワーカーの頃「1日3回、誰かに『助けて』をいいなさい」と命令されたとき、とにかくそれを実践しました。それさえ身についていれば、大きなことで頼らなければならなくなったときに、心理的な障壁を感じにくくなります。

ここまでが、「認めて、信じて、お任せ」です。この12のステップに取り組みはじめたということは、その人のなかには変わりたいという想いが多少なりともあるのだと思います。しかし一方で、その決意が強いほど①、②、③のステップをスムーズに進めるかというと、そうでもありません。治療開始時の動機付けと回復率には、相関関係がないと言われています。

物質依存や行為依存でもクリニックでの初診時に「もう絶対に飲まない!」「二度とギャ

ンブルをしません!!」と涙ながらに誓う人がいますが、「絶対」や「二度と」は依存症の世界の辞書にはない言葉です。なぜなら依存症からの回復には、再発（スリップ）が付きものだからです。再発はけっしてネガティブなことではなく、いままでの取り組み方を変えるサインです。しかし、大々的に宣言した人ほど、再発を恥と思ったり激しい自己嫌悪に陥ったりで、人に知られたくないと思い、自助グループと距離を取るようになります。そのままドロップアウトし、モノや行為に依存する日々に逆戻りする可能性は低くありません。

そうではなく、「お酒をやめないと離婚すると言われたから、仕方なく」ぐらいの気持ちで自助グループに通いはじめた人のほうが長つづきすることは、しばしばあります。治療動機の高い低いもさることながら、まずクリニックや自助グループにつながることが大事です。回復への動機付けは支援関係のなかでつまり、仲間との関係のなかで育んでいくことが可能です。

依存症の深刻さと、回復のスピードもまた、相関関係がありません。私が昔担当していた重度のアルコール依存症者で、自分はこのまま死ぬのだろうと本人も思っていた男性が、自助グループにつながってみるみるうちに変わっていきました。たった1年で劇的によくなるのを、目の当たりにしたのです。

男らしさにとらわれている人も、まずは、だまされたと思ってはじめてみてください。

男尊女卑の価値観に浸りきっていた人や、「どうせ俺は変わらないよ」「とくに変わる必要もないし」と思っている人のほうが、あることをきっかけに劇的に変化するかもしれません。自助グループや12のステップに期待していなかったぶん、参加、実践をしてみたら気づきのスピードが早まり回数が増えるからかもしれません。依存症からの回復とは、常にパラドキシカルな現象を内包しているのです。

④ 恐れずに、徹底して、自分自身の棚卸しを行い、それを表に作った。

ここはＡＡの12のステップのフレーズをそのまま採用しました。「棚卸し」も、自助グループで使われる独特の言葉です。これまでの人生をふり返り、人生のいろんなターニングポイントで、お世話になった人、傷つけた人を書き出していく作業を指しています。自分史を作るようなものです。とくに自分が影響をうけた人、与えた人との関わりを思い出し、現在の生きづらさ、そして依存症につながるようなことを、「この人にはこんなことをいって傷つけた」「こういうところで助けてもらった」「こんなときにお世話になった」と、詳細に書き出していきます。いつから棚卸しと言い表されているのかわかりませんが、まるで在庫商品を点検するかのような作業なので、言い得て妙だと思います。

男らしさへのとらわれでいうなら、自分は幼少期からどのようにして「男性とはこういうものだ」という価値観を学習してきたのか、誰に影響を受けているのか、成長するにつれどんなジェンダーバイアスを身に着けていったか、それによって誰をどんな言動で傷つけてきたのか……。それは、身近な家族からはじまっていることが多いでしょう。学校に通いはじめると、同級生や下級生に広がりますし、大人になれば社会的に自分より弱い人が周囲に少なからずいるものです。相手は女性だけとはかぎりません。

「棚卸し」は、とてもしんどい作業です。依存症ではない人でも、自分の過ちをこと細かに書き出せと言われたら、「やりたい！」と前向きな気持ちにはなれないものです。途中で投げ出したいと思うでしょう。それでもやらなければならないのは、人を傷つけた事実は、自分のなかで「なかったこと」にできても、相手にとってはそうならないからです。棚卸しを徹底的にしないままでは次のステップに進めません。しんどくとも、重要な回復の過程です。

また、このステップ④はスポンサーとともに行っていくのが望ましいといわれています。スポンサーとは、自助グループでいうところの〝先ゆく仲間〟であり、本書でいうところのキーパーソンにあたります。このように、他者の目を介在させることによって、回復への取り組みにより客観性を持たせることが大切だと考えられています。

さらに重要な視点として、自助グループでの棚卸しは、その人が過去にしてきたことを責めるものではないことを知ることも、取り組み方もだいぶ変わるのではないかと思います。「恐れずに」と言われるのは、そのためです。もともと依存症の自助グループは、その人のどんな話も批判せず否定せず、「言いっぱなし、聞きっぱなし」が原則です。

⑤ 自分に対し、そしてキーパーソンに対して、自分の過ちの本質をありのままに認めた。

④で書き出した表をもとに、自分の過ちを認めるステップです。書き出す作業は通常ひとりで行いますが、それを深掘りしていく作業はスポンサーとともに行います。ここでは呼び方は違いますが、キーパーソンとともに取り組んでいきます。アウトプットが欠かせないのです。

回復の道を歩みはじめたとはいえ、その人のなかにはまだそれぞれの依存症に特有の認知の歪みが根強く残っています。対象となるモノや行為をつづけるために、自分にとって都合よくものの見方や考えを歪めるのは、依存症全般にみられる現象です。④でもそのことを自覚しながら棚卸ししますが、ひとりで行うだけではどうしても視野狭窄になりやすく見落とす点が出てきます。人を傷つけたというのは本人にとってネガティブな事実ですから、「たいしたことない」と矮小化したり「見たくない」と否認することもあるでしょう。そうして自己完結するのを防ぐためには、他人の視点が必要です。

このアウトプットも、その人を糾弾するためのものではありません。男らしさの有害な部分について詳しいのは、女性です。男性本人よりもよく知っていることが多いです。女性と男性とでは見えている世界が大きく違います。男性が気づかないまま女性に害をなしていることを指摘されれば、糾弾されているのではないにしても耳が痛いでしょう。けれど、そこで反発や反論をするのは適切ではありません。もしかすると、ずっと以前から「それはやめてほしい」「そんなことはしないでほしい」と訴えられていたことかもしれないのです。自分が気づかずにいたこと、見落としていたことに真摯に耳を傾ける姿勢が、ここでは求められています。

依存症からの回復は、よく身体のある部分と関連させて表現されることがあります。たとえばステップ①②③は「足」から回復する段階です。「回復に取り組むときには、まず歩きなさい」といわれます。自分の足を使って病院や自助グループに行きなさい、というアドバイスで、「行動変容は、四の五のいわず行動に移すことからはじまる」という、回復の基本を端的にとらえているフレーズです。みずから出向くことで、これまで知ろうとしなかったところを知り、会ってもこなかった人と会い、知らなかったことを教えてくれる本を見つけるなど、世界が大きく広がります。依存症の人、とくに男らしさにとらわれている人の世界観は、とても狭いです。自分がこれまで触れてこなかった価値観や、会おうとしてこなかった人の気持ちを知るには、受け身で待っているだけでは不十分です。

次は「耳」の回復、人の話を聞くことです。自助グループは、参加者それぞれが自分のことを率直に話す場です。依存症からの回復において「語る」ことはたいへん重要視されますが、その前段階に「仲間の話をちゃんと聞く」があることを忘れてはなりません。依存症の人は、ここに至るまで自分を正当化するために「口」を使ってきました。自分の正しさや、古いやり方の正当性を主張するためです。嘘をつくのもそうです。これも依存症特有の否認（変化への抵抗）からきている現象なので、回復の場ではいったんそれを保留にして他者の話をまず聞いてみるところからはじめます。仲間の話に耳を傾け、自分の体験と重なるところはないか、共通点を探っていきます。こうして落ち着いて話が聞けるようになり、インプットもできるようになることを「耳ができる」といいます。

⑤でも、キーパーソンからあれこれと指摘されたときは、「それはちがう」といいたいの

をあえて受け入れてみて、耳を使う。そうして棚卸しの表をブラッシュアップしていくことが、このステップのミッションです。

⑥ 社会のなかで学習してきた男らしさへのとらわれを、みずから取り除く準備がすべて整った。

⑦ 謙虚に、感謝を忘れず自らの短所に向きあうと決心した。

⑥⑦はまとめて提案します。①で回復のステップを開始して以来、足と耳を使って男らしさへのとらわれから抜け出るべく整えてきた準備が、棚卸しを経たことで「整った」ことになります。この段階で「謙虚さ」ということを考えるようになります。

依存症という病は、人格の変容をともない人を傲慢にさせます。そのせいで平気で嘘をつき、身近にいる大切な人を傷つけてきた人もいるでしょう。それ自体がこの病気の二次的症状かもしれませんが、行為の内容によってはけっして許されることではありません。この背景には、周囲から自分がどう思われているか、何を期待されているかを過敏に気にしすぎてしまう、彼らの性格上の欠点があることも見逃せません。よく依存症者は低い自己評価と高いプライドの持ち主といわれます。求められる「らしさ」に過剰適応してしまうことが、依存症という生きづらさにつながっているのでしょう。男らしさにとらわれ、自分を強く大きく見せようとした結果、弱い立場の人を利用し踏みにじってきた彼らの生き方は、たしかにこれ以上ないほど傲慢かもしれません。

でも、そうしたところで根本的に彼らの生きづらさは解消されませんでした。自覚しているかどうかは別にして、孤立してますます苦しくなります。なのに、そのことを誰にも打ち明けられず、歪んだ承認欲求が肥大化する一方……そんな日々を終わりにするために12のステップはあります。自助グループではその苦しさに耳を傾けてくれる人がいます。相談できる相手もいます。その仲間が、とても謙虚なのです。威圧的にならなくても話を聞いてもらえる、謙虚でいればその苦しさから抜け出せるのだと、何もいわなくとも行動で教えてくれる〝先ゆく仲間〟がいます。それを見ながら実践していくのが、短所を取り除くという作業です。そうしていると、自然と他者に感謝する気持ちが沸き上がってくることに多くの人は気づきます。

傲慢なまま短所を取り除こうとするのと、謙虚さが大事だと気づいてからそうするのとでは、意味がまったく異なります。これまで以上に足を動かし、耳ができてきます。think

よりfeelが優位になりはじめます。これは、大きな変化です。等身大の自分でいいと気づき、人に感謝できるようになってきます。

そのために、モニタリングを重視しています。直訳すれば自己観察ですが、依存症臨床の現場では、自分の状態を正直にチェックし記録（レコーディング）することを意味します。クリニックで実践しているのは、カレンダーとシールを使う方法です。一日の終わりに自身をふり返り、依存対象のモノや行為にとらわれることなく一日を過ごせたら青、「またやりたい」という欲求を感じたら黄、再発したときは赤のシールを、カレンダーに毎日貼ります。あくまで自己申告、自分に対して正直に行わなくてはならないものです。これは簡単なことではありません。

クリニックで、毎月のように青いシールで埋められたカレンダーを見せてくれる人がいます。そんなはずはありません。対象のモノや行為を長くやめつづけている人でも、欲求は必ず出てくるし、スリップする可能性もゼロにはなりません。12のステップをはじめてまだ日の浅い人に、黄や赤のシールがないわけはないのです。

正直になれていなくても、現場では「あなたは嘘をついていますね」と指摘されることも叱責されることもありません。責めると余計に「飲みたいなんて思っていません！」と頑なになるだけだからです。たとえ嘘をついても責められない。そのまま受け入れられる。

そんなことがつづくと、人は自分がなぜ嘘をつくのかを考えるようになります。失いつつあった良心や罪悪感が仲間の正直な話から刺激されます。アルコールやギャンブルに耽溺していたときは、飲んでは責められ、パチンコ店にいっては怒られ監視されていたので、それを回避するためにさらに嘘をつくしかありませんでした。でも、責められないのなら嘘をつく必要もないとわかります。次第に、自分に素直になり本当の色のシールを貼れるようになっていきます。それが嘘かどうかを一番よく知っているのは自分自身なのです。

モニタリングをするのは、自分がどんなときに欲求が高まるか、警告のサインは何かを知るためです。「最近ストレスがたまっているから危ないな」「上司に怒られたときは、飲んでやれって気分になってしまうな」「睡眠不足で集中力がつづかない」と前兆に気づくことで、再発の予測と防止につなげていきます。これを我々はリラプス（再発）・マネジメントと呼んでいます。

男らしさにとらわれている人たちも、同じようにモニタリング&レコーディングをするといいと思います。「こんなことがあったときには、弱い自分を情けなく思う」「それで、つい女性を痛めつけたくなってしまう」「自分の強さを誇示したくなる」「自己否定的な感情を酒でごまかしてしまう」と警告のサインを把握することで、自分の性格上の欠点もおのずと見えてきます。正直さと謙虚さがそろって身につくと、次第に他者への感謝が生まれ、男らしさへのとらわれはその人のなかで徐々に脇に追いやられていくでしょう。

⑧ 私たちが傷つけたすべての人の表を作り、その人たち全員に進んで埋め合わせをしようとする気持ちになった。

⑨ その人たちやほかの人を傷つけない限り、機会あるたびに、その人たちに直接埋め合わせをした。

「棚卸し」と「埋め合わせ」は、12のステップの核になる部分なので⑧⑨をあわせて解説します。

依存症になると、必ずといっていいほど周囲の人や自分自身を傷つけることになります。ワーカホリックの二次的症状として家庭内ではＤＶ、職場では各種ハラスメントにつながりやすいことは想像にかたくないでしょう。男らしさに過剰適応した人は、意識的、無意識的に自分より弱い立場にいる人の心身をおびやかしてきました。男らしさへの過剰適応的態度はそれ自体に加害者性が含まれていますが、そうなればなるほどみずからの被害者性にしか目がいかなくなる、という矛盾が生じてきます。このステップでは、そのことに最大限注意しなければなりません。「取るにたらないことだ」「気にするほうが大げさなんだ」という考えは捨てて、できるだけ細かくリストアップします。間違いなく、膨大な数になるでしょう。

これもまた、抵抗や反発が生まれるしんどい作業です。自分が人を傷つけたことを認めたくなくて、「そんなつもりはなかった」といいたくなる人もいるはずです。男尊女卑の価値感が基盤となっていて、社会全体がそれに依存しているなかで、自分はそこに組み込まれていただけ。女性を踏みつけたいだなんて一度も思ったことがない……。いいたいことはわかります。男性は男性で生まれたときからジェンダーバイアスを押し付けられ、望むと望まざるとにかかわらず、それに適応しないと生きてこられなかった。男らしさに過剰適応してしまったこと自体は、致し方ない面もあると思います。依存症臨床の現場では、「依存症になったことにあなたには責任がない」という理解をしめして、それ自体を責めることはありません。それはすべての病気に通じることで、がんの人を「あなたはなんで、がんになったんだ！」と責めるのはお門違いであるのと同じです。

しかしだからといって人を傷つけていい理由にはならず、また意図的でないにしろ相手を傷つけていたと気づいたのなら、行為に対する責任とそこから回復していく責任をどのように果たしていくかを学ばなければいけません。

アルコール依存症真っ只なかのときに妻に暴力をふるっていた当事者がいました。その後、彼は回復し断酒を10年以上継続していますが、妻はいまでもDVの後遺症に悩んでいます。妻は、本人が酒をやめてくれているから……と考えながら婚姻関係は継続していました。このように酒がとまって回復したからといって過去のDVによる加害行為の責任は免責されるのでしょうか。答えは否です。彼には、アルコール依存症から回復する責任と、妻に対してDVをつづけてきた行為責任に向きあっていく必要があります。これを「回復責任」といいます。

ここで「埋め合わせ」すると表現して「謝罪する」といわないのは、この回復責任を重視しているからです。ただ謝って終わりにするのではなく、これまで自分が否が応でも固執してきた価値観を手放し、新しい価値観をインストールし、適宜アップデートしていく。その姿勢を示すことが求められているのです。自分にとってささいなことでも、相手にとってはそうではないかもしれない。その可能性を常に念頭に置いておく必要があります。そうしないと、「こっちは一生懸命埋め合わせしているのに、許してもらえない！」と被害者意識が生まれやすくなります。そもそも埋め合わせは、許されることが目的ではないのです。相手を傷つけた自分の言動、その背景にあるものを掘り下げ、今後同じことをしてしまいそうになったとき自分はどう対処すべきかを考える。それをしないまま口先だけで謝罪したところで、相手を二重に傷つけることになるだけです。許されることを前提とした謝罪は真の謝罪ではありません。ここにどのように向き合っていくかは、私が長年携わっている加害者臨床のなかでも重要な課題です。

先ほど、態度で示すと書きましたが、言葉で伝えていく必要もあります。回復のなかでみずからを正直に語ることは「口」が回復することにつながります。依存症とは、非常に衝動的な行為でもあり、ある特定の状況や条件下で飲みたい、盗みたいといった衝動の制御に何度も失敗するという「衝動制御障害」の側面があります。そして言語化は、衝動の対極にあるものと考えられています。自分の内側で起きていることを、客観的にとらえ、他人にわかるよう適切な言葉をチョイスして言語化し、口に出して伝える。衝動をおさえるスキルを身に付けるためには、この反復練習が欠かせません。

棚卸しも埋め合わせも、傷つけた相手のための回復のステップであると同時に、これを繰り返し実践することで、男らしさへのとらわれから自由になり、自分自身に向きあう力がつくことから、究極的には自分自身のためになるのです。

⑩ 自分自身の棚卸しをつづけ、間違ったときは直ちにそれを認めた。

男らしさへの過剰適応によって傷つけた人への埋め合わせは、男らしさへのとらわれを手放すこと抜きには成立しません。歪んではいても長らく慣れ親しんできた価値観や欲求を手放すのは、本人にとってはつらいことです。加害者臨床の現場では、他人への加害行為を「仕方なかった」「過ぎたことだ」と免責することはけっしてありません。過去の加害行為には冷静かつ厳しい態度で臨みます。しかし、その人が痛みを感じながらも変容しようという姿勢、棚卸しや埋め合わせをつづけようとする努力は尊重します。同じように、傷つけた相手のなかにも、許すことはできないとしても、変わろうとするその努力を認めてくれる人は、きっといます。「もう二度と顔も見たくない」といわれていた人と、時間をかけた埋め合わせによって関係性が修復できることもあるのです。

12のステップすべてにいえることですが、次のステップに進んだからといってその前のステップはもうやらなくていい、ということにはなりません。棚卸しも埋め合わせも、一生継続していく性質のものです。

依存症からの回復への道は、トライ＆エラーを繰り返しながら、行きつ戻りつしながら進むものです。再発へのリスクが高まったり、実際に再発してしまったり、その都度「なぜそれが必要だったのか」を自助グループの仲間やクリニックのスタッフとともに考えます。遅々として進まないときもあれば、しばらく立ち止まってしまうときもあります。時には、間違うこともあるでしょう。

ステップ⑩ともなれば、間違えること自体は何も悪くないと理解できている人が多いと思います。どれだけやめつづけていても、きっかけさえあれば認知の歪みや歪んだ承認欲求が頭をもたげてくることがあるのが、依存症という病です。そうなったときすぐに自分で誤りを認め、キーパーソンや自助グループの仲間に正直に打ち明け、シェアすれば、再発へのリスクは減っていきます。

依存症の人はことあるごとに、自分を大きく見せようと精一杯自分を膨らまして生きてきました。男らしさに過剰適応している人なら、なおさらです。そんな人は、間違いを素直に認めることが苦手です。自分の弱い部分をさらすことになると考えているのでしょう。人は誰でも、間違いを犯します。自分は常に正しいのだと虚勢を張って生きるのは、実はとてもしんどいことだった。間違いは間違いだと認めるほうが、よほどラクだ。自助グループに通ううちに、そう思えるようになります。

自助グループは、自分がこれまでにたくさん重ねてきた間違いや失敗を話す場でもあります。私がかつてアルコール依存症の当事者から「弱い話をしてほしい」といわれ戸惑ったように、最初は誰もが躊躇します。みっともない自分をさらしたくないと思います。自助グループで無理強いされることはありません。何度も促され、背中を押され、やっと「話してみようかな」と思えるようになるまでに長い時間を要する人もいます。

間違いだらけの過去、自分の弱み、恥の記憶。これらを開示するのが怖いのは、自分にはデメリットしかないと思っているからではないでしょうか。しかし私は自分の経験から、自己開示には強力なメリットがあると断言できます。それは、「自分は仲間から受け入れられている」という手応えです。

自助グループで「いい話だった」「あなたの話を聞いて元気になりました」といった感想を直接もらうことはあまりありません。「いいっぱなし、聞きっぱなし」の原則があるので、ポジティブなフィードバックもミーティング内ではとくにないのです。ですが、その場にいればわかります。自分の体験談が受け入れられ、弱さで仲間とつながっていると、肌で感じるのです。自分を大きく見せたり、「自分はすごいんだ」とアピールすることで他人からの承認を引き出そうとするのは、強さでもって人と関わろうとしているのだと思います。

しかしそれは男らしさに過剰適応した行為でしかなく、周囲からの孤立を招くだけでした。

私も自分の話を正直に開示するまでは、たくさんの自助グループに参加しながらその場で本当は受け入れられていないという感覚がありました。しかし弱い話を開示し終えたあとにはそれが一変し、ひとりひとりの表情を見て、そこから「やっと話せたね」というメッセージを読み取りました。武勇伝や、何かを達成した自慢話をしているときには感じなかった、受容や共感の空気がそこにはあったのです。彼らはずっと、待っていてくれました。いま話せなくても、いつか話せる。気長に待てるのは、自分も通ってきた認められない胸の内、つまり否認のプロセスがあったからです。

お互いの弱さを開示、承認し、それによってつながるというのは、これまでの歴史上、男性がやってこなかったことのひとつです。そこにパワーゲームやマウント合戦はありません。誰が優れているとか、誰が勝利するとか、そうした評価軸が意味をなさないつながりに身をおくと、自分がいままで周囲から男らしい男だと思われることにいかに気を遣い、緊張していたかがわかります。依存症からの回復の道を長く歩いている人たちはみなさん、そうした緊張から解放された、すっきりと穏やかな顔をされています。

⑪ 日々の地道な実践を通して、自分なりに理解した男尊女卑的価値観を手放し、ジェンダー平等の本質を知ることと、それを実行する勇気だけを求めた。

依存症からの回復の道のりは、とても長く険しいです。最初のころは起伏に富んでいた道も、次第に平坦になっていきます。しかしそれは、アイスバーンが起きた道だと思ってください。慎重に歩かないと、一瞬の油断でつるりと足を取られます。ダッシュして一気に前に進もうとすれば、勢いがついたぶん転んだときのダメージも大きいでしょう。一歩一歩、足元をたしかめながら踏みしめるように歩いていきます。

ところで、依存症の臨床では、認知行動療法と心理教育、そして自助グループへの参加がセットになっています。

認知行動療法とは心理療法のひとつで、クライエントの現状に対する不適応状態（身体的・精神的）に関連する行動的、情緒的、認知的な問題を治療の標的とし、学習理論をはじめとする行動科学の諸理論や行動変容の諸技法を用いて、不適応な反応を軽減するとともに、適応的な反応を学習させていく治療法をいいます。端的にいうと行動変容と認知の歪みに取り組む作業を行っていくもので、当クリニックでは、どんなときに欲求が高まるか、リスクを洗い出し、そのときにどう対処するかを決めておくリスク・マネジメントプランなど、再発防止のためのカリキュラムが組まれています。

男らしさへのとらわれが強い人ほど、これまでの人生でfeelをないがしろにし、thinkだけを働かせて生きてきました。認知行動療法はthinkからのアプローチで、自助グループへの参加や12のステップの実践はfeelを取り戻すためのアプローチということができます。自助グループで弱い話をするときは、悲しい、恥ずかしい、腹立たしい、もっとこうしてほしかった、こうすればよかった……と感情が大きく動きます。棚卸しで誰をどんなふうに傷つけてきたのかを考えふり返っていくと、自動的に人のfeelに向き合うことになります。

男らしさに過剰適応するとは、自分のfeelを押し殺し、人のfeelを踏みにじることでした。誰もが幼いころは、理屈ではなく感覚や感情で動いていました。12のステップで段階を踏んでfeelへの回復に取り組むことで、男らしさへのとらわれを捨て、男尊女卑的価値観から抜け出せるようになります。そのことを自助グループの〝先ゆく仲間〟たちは見せてくれます。

抜け出すだけでなく、アップデートも必要です。12のステップを長くつづけているなかには、ジェンダー平等やＳＤＧｓといった言葉を知らない人たちも少なくありませんが、言葉を知らなくてもその姿を見ていると、そうした価値観を体現していると感じることがよくあります。女性を蔑み、自分より弱い人を人間とみなさないような人は、隠しているつもりでも言動の端々に表れるものですが、それとは逆に、男尊女卑の価値観を手放した人も、やはり見てわかるものです。12のステップは常に〝先ゆく仲間〟をロールモデルにしています。

⑪には「勇気」という言葉が出てきます。自助グループでは、とてもよく耳にする言葉です。それは「平安の祈り」から来ています。アメリカの神学者であるラインホルド・ニーバー氏が提唱したことから「ニーバーの祈り」ともいわれます。自助グループの最後に出席者全員で唱和するもので、通っている人ならすぐ空で言えるようになります。

神さま、私にお与えください
自分に変えられないものを受け入れる落ち着きを
変えられるものは変えていく勇気を
そして、ふたつのものを見分けるかしこさを

これは神に捧げる祈りですから宗教的、霊的な色合いが強く、本来の12のステップと同様に、なじみにくいと感じる人も日本では多いと思います。しかしそのいわんとすることは、男らしさへのこだわりを手放していくのに、とても有効だと思います。

依存症からの回復は、これまで生きづらかった人生を生き直すことに等しいですが、何もかもリセットしたり改めたりできるものではありません。依存症になった人の大半に、逆境体験がありますが、過去の出来事はいまからどうやったって変えることができないからです。ただ、過去の経験をとらえ直すことはできます。それを落ち着いて受け入れ、耐えきれなくなったときにどう対処するかを考えることで、再発を防ぐだけでなく、生きづらさの解消にもつなげていきます。

一方、自分自身で変えられることも多いのです。「男らしさへのとらわれ」「男尊女卑の価値観」は最も気づきやすく、取り組みやすいもののひとつといえますし、数々の加害行為の原因となっていたものなので、変えていく責任もあります。

長年親しんできた価値観を手放すのは思い切りが必要で、勇気を奮わなければなりません。お話ししてきたとおり、棚卸しも埋め合わせもつらい作業です。それまで自分がしてきたことに苦しめられる過程でもありますから、挫けそうになることもあるでしょう。平安の祈りでは、その勇気を与えてほしいと神に祈りますが、実際には自分の内面から湧き上がってくるものです。

自助グループではまた、「強くなるより、賢くなれ」とよく言われます。平安の祈りでも、賢くあることを望みます。私はこの賢さとは、「自分の弱さを知っていること」だと考えています。強さを誇示するよりも、弱さを知り、受け入れ、必要に応じて人に伝えて助けを求められるほうが、生きやすい。本当は、何かに依存する前に気づいておいてほしいことです。賢さというのはthinkのようでいて、弱さとともに生きていくことで得られるものなので、やはりfeelと結びついたものと考えていいでしょう。男らしさへのとらわれを捨てるということは、賢く生きることとつながっているのです。

⑫ これらのステップを経て新たに学習したジェンダー平等の価値観を、ほかの男尊女卑依存症の人に伝え、そして私たちのすべてのことにこの原理を実行しようと努力した。

これまでの一連のステップは、ここに向かって進んできたものでした。身体に置き換えると、足、耳、口と段階を踏んで回復してきました。最後は「手」です。

何度も申しますが、依存症からひとりで回復することは不可能です。回復の道を歩きはじめて以降は、キーパーソンや家族、医療者だけでなく、同じ病から回復をつづけている〝先ゆく仲間〟など、周囲に人が増えていきます。ステップ⑫まで歩んできた人たちは、これまでことあるごとにそうした人を信じ、頼り、話を聞いてもらい、手を引っ張ってもらったから、ここまで来れたのだと理解しています。

そこで次は、自分がその役割を担う番だと自覚するようになります。英語ではサービスといいますが、日本語にするなら手を差し伸べる、手助けする側に立つということで、まさに「手」の段階だということがわかります。

依存症は深刻化するほどあらゆる死に近づいていく病ですが、その前にもさまざまなものを失います。人間関係、健康、お金、時間……そうならなければ得られたはずのものを、いまから取り戻すことはできません。しかし、そこから回復することで新たに得られるものがあります。それが、仲間なのです。孤独の反対は仲間です。劇的に回復した重度のアルコール依存症者について先述しましたが、彼がアルコールを飲まなくなってから1年のAAで開催されたバースディに私は招かれました。彼はそのとき、

「酒がやめられないときの自分は酒しか信じられなかったけども、いまはこんなにたくさ

んの、信じられる仲間がいる」

と泣きながら話していました。自助グループの仲間の前で正直に話す、自分の弱い部分を開示する、それを受け止めてもらう日々は、酒の酔いを凌駕するほどの大きなものでした。仲間とのつながり、そこで感じるあたたかさ、人を信じていいんだという確信が、飲まないで生きるためには必須なのだと、彼の言葉は証明しています。私は、依存症回復の神髄を突いた言葉だと感じました。

男尊女卑依存症でも、弱さでつながった仲間のなかで回復し、自分が回復した後にはそれを仲間に返していくステップが実践されてほしいと思います。男性たちのあいだで、いい循環を作ってほしいのです。

ただし、あまり早い段階で「自分にはそれができる」と思うのは、危険です。ＡＡで「ふたつの罪」といわれているものがあります。ひとつは、自分の成長を妨げる罪。もうひとつは仲間の成長を妨げる罪です。まだ自分の回復が不十分なうちに手を差し伸べるのは、適切ではありません。差し伸べた本人は自己満足を得られても、差し伸べられた仲間のためにはならず、それどころか消費されるだけに終わることもあるからです。結果、回復が妨げられます。「自分なら手助けできる」と思っているうちは、「謙虚さ」ではなく、自分の「傲慢さ」があらわれている状態だととらえ直す必要があります。

男らしさへのこだわりが強いと、自分が人の上に立っていることを常に実感したくなります。人を助ける、教えるなど、知っている者から知らない者に何かを授ける行為は、必然的に上下関係を生み出します。そうした関係性を作り出そうとしていること自体、人を下に置いて自分の男らしさを確認したいという「傲慢さ」が含まれています。「謙虚さ」を忘れそうになっているのは、危険信号です。

12のステップは基本的に、「次のステップに行っていいよ」とはっきりいわれるわけではありません。それだけに自分自身に「このステップはこの取り組み方でいいのか」を常に問いかける必要があります。驕《おご》りがなく、自分にOKを出せたときに、次のステップに進めます。ステップ⑫はとくに、これまでの道のりの総仕上げ的なものですし、手を差し伸べられていた側から差し伸べる側へという大きな転換がありますから、何度自身に問いかけても足りないほどです。

「自分にOKを出す」――これは、依存症治療において重要なキーワードとなる概念です。自己受容ともいい表されます。これができるようになれば、歪んだ承認欲求にとらわれることもなく、誰にも承認されずに生きづらさを抱えることもなく、それをごまかすために何かに耽溺する必要もなくなります。他者から認められなくとも、自分が自分をしっかりと抱きしめればいい（セルフ・ホールディング）。

究極をいえば、何かに依存することをやめられない自分にもＯＫを出せるようになるといいのですが、男尊女卑依存症はそれによって害を被る人が出るかもしれないので、自分がそれをやめつづけられていることに対してＯＫを出すべきだと思います。ほかの、被害者を出す依存症についても同様です。

⑫には、終わりがありません。もとより、依存症からの回復は「今日一日」をつみかさねながら一生をかけて取り組むものと言われています。

ここまで依存症の自助グループで12のステップがどのように実践されているか、それを男らしさへのとらわれから回復するためにどう応用していくかを、私から提案しました。

回復は、まず男性同士で弱さでもってつながるところからはじめてほしいと思いますが、日本の男性社会では、仕事以外の場で、属性の違う男性同士が場を共有し、会話をする機会がとても少ないため、ここに第一のハードルがあると感じます。

かくいう私も、いまだそのことに苦手意識があります。ある日、子どもを近所の公園へ連れていったとき、同年代の子の父親と一緒になったのですが、会話のいとぐちを見つけるのがむずかしい。というのも、相手の年齢や職業を知らないからです。属性がわからない相手にどういう態度で臨めばいいものか……戸惑い、なんともいえない居心地の悪さを覚えました。男性中心の社会では、相手の属性によって、関係性や距離感、双方の態度といったものがおのずと決まります。

女性は、ひとつの共通点でもってそうした属性を無効にし、相手とコミュニケーションをとることができるように思います。子どもがいる人であれば、年齢に幅がありお互いの職業を知らなくとも、同じ幼稚園や保育園に子どもを通わせている母親という共通点でコミュニケーションを取るでしょう。趣味の集いや地域の集いでも、属性がばらばらの人たちが楽しく交流するのはよくあることです。

女性は子どものころから、協調性を大事にして輪を乱さないよう育てられる傾向にあり、その結果として男性よりコミュニケーションに長けているといわれています。それでも得手、不得手はあるでしょうが、属性が異なる人たちと交流する機会が多いことによって、慣れることもできます。

公園では、その男性とお互い探り探り話すうちに出身地が近いことがわかり、そこからは会話がはずみましたが、自分がいかに属性に頼って生きているかを痛感しました。

それに引き換え自助グループは、依存症という唯一の共通点でもって人が集う場で、属性はまったく気にされません。名前すら、明かしたくなければ名乗らなくてよく、アノニマスネームといって呼ばれたい名前を自分で決めることができます。匿名性（アノニミティ）が保証されているのです。職業について訊かれることもなければ、年齢を確認されることもありません。年長者だからという理由で、年少者に対してむやみに威圧的な態度を取ると、仲間から注意されます。同じ病からの回復を望む、ひとりの人間としてその場に参加することが求められます。

男らしさへのとらわれは、誰が上で誰が下かを常に意識し合う関係性へとつながります。自分より弱い立場にいる存在に日頃からアンテナを張っているからこそ、歪んだ承認欲求を満たしたくなったときにすぐにターゲットを定めることができるのです。

けれどそれを取っ払った、フラットな関係の人たちで構成される場にいることが、いかに心地いいかを知ってほしい。そうした場のほうが、実は楽に呼吸できるということを想像し、男性同士で実践してほしいのです。

最初は趣味など何か共通点（仕事関係ではないものが望ましい）がある人たちと集ってもいいですし、いまはオンラインを通じてさまざまな人と知り合えるので、積極的に利用してもいいでしょう。

処方箋といっても、飲めば一発で治る魔法の薬ではありません。それまで長い時間をかけて学習し、体得してきた「男らしさへのとらわれ」ですから、手放すのにも時間がかかります。

それでも、できるだけ早く回復の道に進み仲間とつながるべきである――最後に私は、こう断言します。

男性ひとりひとりが誰も踏みつけることなく、等身大の自分にOKを出して、健全な心とともに生きていけるようになれば、日本は男尊女卑依存症社会から脱却することが必ずできるはずです。

＊16 アルコホーリクス・アノニマス（https://aajapan.org）

あとがき

先日、職場の20代男性スタッフのAさんが「男らしさはコスパもタイパも悪い」という言葉をつぶやいていた。コスパは、コストパフォーマンス（費用対効果）のことで、支払った費用（コスト）と、それにより得られた効果＝能力（パフォーマンス）を比較したもので、低い費用で高い効果が得られれば「コスパが高い」と表現される。タイパはタイムパフォーマンス（時間対効果）のことで、かけた時間に対する満足度や効果がどの程度なのかを表す言葉である。私も、このつぶやきをはたで聞いていて大きくうなずいた。

確かに、従来の「男らしさ」は、若者にとってはダサく時代遅れに感じるだろう。なぜなら、これまでの男らしさは、終身雇用で年功序列の賃金体系に支えられており、企業戦士と呼ばれる私の父親世代のサラリーマンは、まさに「24時間戦えますか」の過労死ギリギリラインで働いてきた。令和になった現在、これらは崩壊し「男らしさ」を支える物質的基盤がなくなりつつある。このような働き方は、冒頭のスタッフAさんからすると、「そんなに男をはりたいなら、競争というパワーゲームの果てに過労死でもしてくれ」と言われそうだ。

一方で、クラスのスクールカーストの上位であるホモソーシャル・コミュニティのリーダー格男子から、盗撮の依頼を受けて断り切れずに隣のクラスの女子を盗撮してしまった男子高校生の事例を自著『盗撮をやめられない男たち』(扶桑社)で紹介したが、彼は男に男と承認されたことが強化子となり、その後盗撮を反復し、やがて逮捕に至っている。このことからもわかるように、いまだに若い世代においても「男らしさ」には一定の価値があり、彼は社会からの男らしくあれという規範の狭間で苦しみもがいていた。そう考えると、高校生の彼もまた、男尊女卑依存症社会の被害者であるのかもしれない。

男尊女卑依存症からの回復とは、男女が対立するための概念ではなく、男性も女性も社会から要請されたジェンダー規範を手放し、アディクション(依存症)ではなく、コネクション(つながり)の中で「自分語り」という自己受容のプロセスを重ねながら、自分らしさを再構築していくことである。この自分らしさの再構築は、多くの依存症者が自助グループのなかで回復していく姿を通して我々に教えてくれている。男同士の相互扶助は蓋然性が低く成立しにくいといわれて久しいが、自助グループのなかでは昔から「私の弱さが仲間の強さに変換される」というダイナミクスが脈々と受け継がれてきた。

「強くなるより賢くなれ」

これは、古くから自助グループで使われている言葉だが、真の強さとは何かについて我々に問いかけている。依存症治療における認知行動療法では、自らのハイリスク状況を明確化し問題行動の引き金について学んでいく。そして、ハイリスク状況や引き金に直面した時、適切な対処行動や回避行動がとれるよう、トライ&エラーを繰り返しながら反復練習していく。子どもが徐々に自転車の運転がうまくなるように、依存症者も転ばないように自分のペースで人生を運転することができるようになる。

つまり、賢くなれというのはＩＱが高いとか勉強ができることではなく、自分の弱さを知りそれを仲間と共有し、必要な時に助けを求められることを意味している。本当に強い人とは自分の弱さを知っている人だ。そういう意味で依存症からの回復とは、ただやめ続けていることではなく、援助希求能力が高まり人にうまく依存できる状態であるといえる。

この本も、たくさんの人の手をかりてこうして世に出ることになった。行き詰まったこともあったし、諦めそうになったこともあったがこうやって一冊の本になった。

最後に、この本の編集に粘り強く付き合って下さったライターの三浦ゆえさんと亜紀書房の足立恵美さんにこの場を借りて感謝の意を伝えたい。

2023年6月
斉藤章佳

デザイン　小口翔平＋須貝美咲（tobufune）
DTP　山口良二
編集協力　三浦ゆえ

斉藤章佳（さいとう・あきよし）
精神保健福祉士・社会福祉士。大船榎本クリニック精神保健福祉部長。1979年生まれ。大学卒業後、アジア最大規模と言われる依存症回復施設の榎本クリニックでソーシャルワーカーとして、アルコール依存症をはじめギャンブル・薬物・性犯罪・DV・窃盗症などさまざまな依存症問題に携わる。専門は加害者臨床で、現在までに2500人以上の性犯罪者の治療に関わる。主な著書に『男が痴漢になる理由』『万引き依存症』（ともにイースト・プレス）、『盗撮をやめられない男たち』（扶桑社）、『「小児性愛」という病――それは、愛ではない』（ブックマン社）、『しくじらない飲み方 酒に逃げずに生きるには』（集英社）、『セックス依存症』（幻冬舎新書）、監修に漫画『セックス依存症になりました。』（津島隆太・作、集英社）などがある。

男《だん》尊《そん》女《じょ》卑《ひ》依《い》存《ぞん》症《しょう》社《しゃ》会《かい》

2023年7月6日　第1版第1刷発行
2024年1月22日　第1版第2刷発行

著者　斉藤章佳
発行者　株式会社亜紀書房
〒101-0051
東京都千代田区神田神保町1-32
電話(03)5280-0261
振替00100-9-144037
https://www.akishobo.com
印刷・製本　株式会社トライ
https://www.try-sky.com

Printed in Japan　ISBN978-4-7505-1797-1　C0030

家事は大変って気づきましたか?

阿古真理

「ずっと苦しかった。泣きたい気分だった。そんな私の気持ちを受け止めてくれた一冊だ」《村井理子さん、推薦!》　なぜ家事は女性の仕事だったのか?　明治から令和まで、家事と仕事の両立を目指してきた女性たちの歴史、それぞれの時代の暮らしと流行を豊富な資料で解き明かし、家事に対する人々の意識の変遷を読みとく。

告発と呼ばれるものの周辺で

小川たまか

日本では、レイプに遭ったら、必ずしも法律が被害者を守ってはくれない。長い間おかしいと声を上げてきた人たちがいるが、単に告発だと受け取られてきた。でも、その声からは、内省も、やさしさも、前に行こうと信じる力も感じられるはずだ。あなたの隣人、友人、家族も当事者になりうる。性犯罪、性暴力への偏見や誤解をほぐし、やさしい社会を築くための声の記録。

ぜんぶ運命だったんかい
——おじさん社会と女子の一生

笛美

「#検察庁法改正案に抗議します」のTwitterデモ仕掛け人による、初の著作!　男性中心の広告業界でがむしゃらに働いてきた。容姿で判断されたり、会議で意見が通らなかったり——なんだか辛くて生きにくい。それは男性に依存しなければいけないように、この社会が作られているからだ。ひとりの女性がフェミニズム、そして社会活動に目覚めるまでを涙と笑いで綴るエッセイ集。